*Cómo crear personajes de ficción*

# Cómo crear personajes de ficción

Una guía práctica
para desarrollar personajes convincentes
que atraigan al lector

ALBA EDITORIAL

SOCIEDAD LIMITADA

$\wedge$ Guías del escritor

Título original: *How to Create Fictional Characters*

Traducción y adaptación: SILVIA ADELA KOHAN

© Jean Saunders, 1992

© de la traducción y adaptación: SILVIA ADELA KOHAN

© de esta edición:
**ALBA EDITORIAL, s.l.u.**
Camps i Fabrés, 3-11, 4.ª
08006 Barcelona
www.albaeditorial.es

© Diseño: MOLL DE ALBA

Primera edición: enero de 2000
Segunda edición: enero de 2001
Tercera edición: febrero de 2003

ISBN: 84-8428-009-8
Depósito legal: B-4 372-03

Impresión: Liberdúplex, s.l.
Constitución, 19
08014 Barcelona

Impreso en España

# Sumario

# I

# Lo primero es lo primero

Los personajes son la savia vital de un relato. Pero crear personajes ficticios creíbles para el lector no es una tarea tan sencilla para un escritor principiante. Es fácil decidir el trasfondo sobre el que se desarrolla un relato breve o una novela. Sin embargo, poblar ese trasfondo con personajes «vivos», que el lector crea conocer como si fueran personas reales, es más complicado, un complejo proceso cuyas distintas facetas estudiaremos a lo largo de esta obra.

## El proceso del escritor

¿Cómo trabaja un escritor? ¿Qué parámetros le resultan válidos para iniciar una novela o durante el proceso de escritura? ¿Qué lugar ocupan él o los personajes en sus preferencias prácticas?

Cuando se trata de planificar el conjunto de una novela o un cuento largo, podemos hablar de dos tipos de escritores. Unos escriben directamente acerca del personaje, y piensan en él ante todo, desarrollan la línea argumental a partir de los caracteres. Los otros seleccionan un escenario y un período, que pueden resultar distintos según el enfoque –desde una escena plácida de verano en un pueblo hasta la degradación de los campos de batalla durante la Primera Guerra Mundial, por ejemplo–, y después deciden qué personajes encajarán en este marco.

Ambos métodos son válidos, son modos alternativos de acercarse a la ficción.

A menudo, cuando encuentra un comienzo realmente bueno para una novela, el escritor se zambulle en la escritura de la escena deteniéndose sólo mucho después para considerar el desarrollo general del argumento.

> Zambullirse en la escritura sin planificar no es lo más recomendable para el principiante. Aun así, nadie sabe si podrá escribir algo o no hasta que lo intenta.

«Empezar simplemente» y ver dónde te lleva la historia puede ser el estímulo que necesitas para comenzar. Y comenzar es una de las mayores dificultades para cualquier autor, principiante o no.

¿Por dónde empezar? ¿Cuál es el inicio más conciso? ¿Cuál el que da cuenta del tono, de la atmósfera, de la intención general?

Precisamente, lo bueno de la escritura es la posibilidad que ofrece de elegir entre numerosas opciones.

Al construir tus personajes –mirarlos desde muy cerca o desde lejos, llevarlos de la mano, orientarlos a través del camino que conoces o que exploras para cada ser de ficción– puedes jugar a ser Dios. Los personajes que tú creas existen solamente en tu cabeza hasta que los plasmas sobre el papel. Están allí para ser engañados, amados, victimizados, analizados, malditos, exaltados o lo que desees hacer con ellos.

La gama entera de las emociones humanas puede recorrer las páginas de tu novela, pero nunca debes olvidar que por muy dramática que sea tu prosa, esas emociones son tanto o más efectivas vistas a través de los ojos de tus personajes. Se trata de su historia, y tú eres únicamente el que la transmite, viéndola a través de sus ojos y contándola a través de sus voces: recuerda siempre cuál es tu lugar.

## Interés humano

Es obvio que los personajes constituyen el núcleo central de cualquier obra de ficción. Si ellos no están para vivificar las páginas, para caminar y hablar y respirar a lo largo de tu novela, dichas páginas podrían ser las de un ensayo o un artículo periodístico, no las de una novela. Aunque también los artículos periodísticos cuentan con «personajes» que pueden resultarte aprovechables en parte o totalmente.

¿No son acaso las historias que tienen contenido humano las que constituyen los artículos periodísticos más penetrantes de cualquier diario?

Sin los detalles íntimos que ofrece al lector la vida de las personas implicadas, sin alguna referencia a una persona con nombre propio, las noticias llamarían mucho menos la atención del público. Por ello, las fotografías ilustrativas se centran en una persona, y en ellas se citan datos de la gente involucrada.

Gracias a este «sufrido» interés por la vida de los demás, seguimos leyendo, compartimos sus triunfos, nos afligimos con sus penas. Reacciones similares nos dominan cuando leemos una buena obra de ficción. Al principio, el lector siente curiosidad por los personajes todavía desconocidos de la historia, y abre el libro con un sentimiento de anticipación. Cree ser capaz de identificarse con algunos de ellos, desea compartir sus problemas, conflictos y peligros, y es posible que se sienta aliviado si llegan al final relativamente indemnes.

> El lector necesita participar en la historia. Implicarlo pronto, a partir de su interés por los personajes, significa mantenerlo implicado durante el resto del libro.

Hay una relación determinada entre autor, personajes y lector. Posiblemente sea una relación pasajera que termina tan pronto como se alcanza la última página del libro, pero existe y es fuerte.

## Qué contiene un nombre

Lo primero que deberías tener en cuenta, incluso antes de dar forma a tus personajes, es su nombre. Del mismo modo que empleamos bastante tiempo en pensar un nombre para un nuevo bebé en la vida real, y durante ese tiempo descartamos muchas ideas, así deberíamos considerar la conveniencia del nombre de nuestros bebés ficticios.

Además de encontrar un nombre con el que tú como autor te sientas cómodo, debes pensar en el impacto que dicho nombre tendrá en el propio personaje. Es una tarjeta de presentación, un asunto para nada arbitrario.

Frente a la utilización de cierto nombre en un relato breve o una novela, dado que el nombre determina un carácter, puedes plantearte preguntas como las siguientes, algunas centradas en la elección del nombre mismo y otras sugerentes de nuevos episodios. Las respuestas pueden proporcionarte información sobre el personaje en cuestión, datos para su ficha:

- ¿Le gustará a mi personaje un nombre poco usual, como *Ifigenia, Soraya, Eleuterio,* o lo odiará?
- ¿Será ridiculizado por la gente, o estará orgulloso de la elección de sus padres?
- ¿Adoptó tal vez él mismo ese nombre, en vez del más convencional *Pedro* o *José* con el que fue bautizado?
- ¿*Ifigenia* se corresponde con la tragedia griega, por ejemplo? ¿Funciona en mi novela esta asociación?
- ¿O es el nombre dado a una niña por un padre extravagante, cuando sus hermanas responden a los nombres más comunes de *Juana* y *María*, condición indicativa en el desarrollo de la historia?
- ¿Cómo reaccionarán *Juana* y *María* ante la diferencia?

Todo lo que digas acerca de un personaje en una historia debería contar algo al lector acerca del personaje, ¿y qué mejor forma hay de empezar que escogiendo su nombre?

> Desplegando tu imaginación, puedes reforzar el conflicto de un relato con una combinación acertada de los nombres otorgados a los personajes.

Sin duda, un escritor debe tener sensibilidad para los nombres. Por razones puramente prácticas, difícilmente llamarás *Paco* a un personaje masculino en una novela histórica. Semejante presentación desluciría el resto de tu investigación. En casos así, se suelen buscar nombres más largos y sonoros que los modernos. En ocasiones es aconsejable emplear nombres cotidianos que pueden abreviarse: cada acepción determina diferentes rasgos. *Guillermo* es más autoritario que *Guille*, y este último es más afectivo. *Guillermín* evoca el nombre de un niño travieso, o, por ejemplo, de alguien que no paga sus deudas y que está todavía atado al cordón umbilical, otra implicación a explotar en tu caracterización del personaje. Aunque la elección final de los nombres corresponde al gusto del escritor, creo que vale la pena calcular el impacto de muchos de ellos en la mayor parte de los lectores. Si vas a llamar *Isabel* a un personaje, tienes la posibilidad de jugar con los diminutivos *Isa*, *Bel* y *Chabeli*, cualquiera de los cuales podría aplicarse a una mujer nombrada así por sus amigos íntimos.

Los nombres bíblicos, como *Isaac, Aaron o José*, son muy usados en novelas históricas. Incluso un caballero mayor llamado *Moisés* no estaría fuera de lugar en una novela histórica. Algunos nombres bíblicos, como *Rebeca, Raquel* o *Sara*, están todavía de moda, y encajarían en cualquier ficción, breve o no.

¿Y qué efecto produce un nombre muy corto frente a otro larguísimo? Obsérvalo tú mismo en el siguiente fragmento y reflexiona sobre las posibilidades que te otorgan en tu propio relato:

*La novela empezaba bien.*

*«Paul la besó ardorosamente en tanto el gondolero, cómplice de las aventuras de su amigo, simulaba mirar en otra dirección, y la góndola, provista de mullidos cojines, se deslizaba apaciblemente por los canales venecianos.»*

*Leyó el pasaje varias veces, en voz alta. (…)*

*Y en cuanto a besar, ¿cómo lo decía? «Ardorosamente.» ¿Cómo diablos se haría eso?*

*Recordó haber besado muy pocas veces a Dolores Encarna-*

*ción del Santísimo Sacramento Estupiñán Otavalo. A lo mejor*
*en una de esas contadas ocasiones lo hizo así, ardorosamente,*
*como el Paul de la novela, pero sin saberlo. En todo caso, fue-*
*ron muy pocos besos porque la mujer o respondía con ataques*
*de risa, o señalaba que podía ser pecado.*

LUIS SEPÚLVEDA, *El viejo que leía novelas de amor*

Puedes tener a mano un libro de nombres como instru-
mento útil en estos casos.

Por ejemplo, si tu personaje es extranjero tendrás que
darle un nombre extranjero. En los créditos de las películas hay listas de nombres extranjeros que te permitirán
confeccionar tu propio inventario, y puedes hacerlo en distintos idiomas (E= español, L= latín, F= francés, I= inglés,
A= alemán, It= italiano) como recurso en un determinado
momento y para evitar largas búsquedas, a partir del
mismo nombre, como sigue: Cristóbal (E) Cristopher (I)
Cristophorus (L) Christophe (F) Christoph (A). Brígida
(E) Bridget (I) Brigitta (L) Brigitte (F) Brigitte (A). Eduar-
do (E) Edward (I) Eduardus (L) Edouard (F) Eduard (A).
Federico (E) Frederick (I) Fredericus (L) Frederic (F)
Friedrich o Fritz (A). Juan (E) John (I) Jo(h)annes (L)
Jean (F); Giovanni (It) Johann (A).

## Vínculos productivos

No sólo debes vincular los nombres de tus personajes con
sus nacionalidades, sino también con su nivel social y con su
época. Si relacionas los nombres de tus personajes con sus
personalidades, el lector se hará una idea de los mismos
incluso antes de que aportes más información. Debes esta-

blecer además una relación entre los nombres de tus personajes principales y los de otros secundarios asociados a ellos en la historia, así como entre sus nombres y apellidos, que no deben sonar mal al lector. Recuerda que tu lector está asumiendo que esa gente que has creado es real, así pues, no designes a un personaje con una palabra ridícula ni con una fórmula imposible de pronunciar, porque el lector se saltará el nombre cada vez que lo vea en la historia.

Toda elección debe estar justificada en el relato. Así, por ejemplo, los nombres judíos pueden ser atractivos para los personajes femeninos, siempre que se adapten al relato que estás escribiendo. Muchos nombres coinciden con colores. *Celeste*, relacionado con cielo, es delicado; y *Blanca* o *Clara* se vincula a pureza. Así debería ser el poseedor de los mismos.

Los nombres de flores vinculan automáticamente al personaje con la flor que su nombre representa. *Margarita* suena fresco; *Jazmín*, exótico; *Clavel* quizá suene algo sofisticado. *Rosa* y sus variaciones puede aplicarse a distintos tipos de personajes; *Lila, Violeta, Azucena,* aportan datos particulares debido a su sonido, su apariencia y su fragancia.

Muchos de los apellidos se pueden escoger entre los nombres de las calles de las ciudades. Otra alternativa obvia es a la guía telefónica. Y si te provees de un cuaderno de notas especial para este propósito, contarás con tu propio suministro de nombres al que podrás recurrir para designar a los personajes de cada nueva historia.

> Lo importante es poder comprobar que los nombres y apellidos de tus personajes están convenientemente puestos y dispuestos.

## Saber diferenciarlos

Conseguir que tus lectores conozcan a los personajes gracias a los nombres que les has otorgado, es un arte en sí mismo. A veces, es preferible evitar la aliteración: nombres y apellidos que empiecen por la misma letra; aunque todavía existe una cierta tendencia a hacerlo así y, en algunos casos, este recurso puede contribuir a la interpretación del personaje. Llamar *Dora Dires* a uno de los personajes es un ejemplo de ello. *Dora Dires* podría ser una chica impertinente, joven e inculta, y la aliteración de su nombre parece resbalar por la lengua para crear esa impresión.

Existen personajes de ficción a los que la aliteración de su nombre les sienta bien. Por ejemplo, el inolvidable *Pedro Páramo*, de Juan Rulfo. Pero ten cuidado: si llamas a tu heroína Lupe, no llames a tu héroe Pepe; aquí la eufonía le sonaría ridícula al lector.

Los nombres referidos a una época son interesantes, y pueden ser usados para subrayar un período. Hubo una abundancia de pequeñas *Evas* a causa de Eva Perón, por ejemplo.

Existe una teoría según la cual la letra M es más usada que cualquier otra para personajes de ficción; el hecho de que esté en medio del abecedario es quizá un motivo para que los autores la usen con más frecuencia que otras. Los principiantes suele recurrir automáticamente a los nombres *Juan* y *María* –también se suele abusar de *Ana* y de *Laura*– sin reparar en que están gastados, son impersonales debido al uso y abuso, y en que tal vez el personaje que intentan crear va asociado a otro tipo de nombre.

Es interesante tomar nota de todos los nombres que usas en tus historias, para asegurarte de que tus nombres favoritos no aparecen demasiado a menudo.

Lo que debes evitar es dar a dos de tus personajes nombres con un sonido similar. Normalmente no serían convenientes dos personajes con el mismo nombre en el mismo libro, a no ser que fuera por una razón especial; como es el caso de los personajes designados con el mismo nombre por Gabriel García Márquez en *Cien años de soledad*. Nada irrita más a un lector que tener que volver atrás para ver quién es quién.

Puedes escoger nombres que empiecen por letras distintas del alfabeto. Esto es bastante fácil cuando se trata de un cuento o de una novela corta, pero con un reparto largo, la cosa se puede complicar. Aquí entra en juego otra vez el inventario: cada vez que un nuevo personaje se incorpora a la historia, puedes apuntar su nombre y verificar los ya existentes, así como sus sonidos y letras iniciales.

El tiempo empleado en decidir los nombres de los personajes no es tiempo perdido. Entre otras cosas, tendrás que decidir si podrá haber o no otra *Emma* (existiendo ya la Bovary), si realmente es *Victoria* tu *Victoria*, más conocida como *Vicky* o este nombre es más conveniente para tu *María del Carmen*, que no cabe en esta novela.

El trabajo de un escritor es mucho más que contemplar la lejanía y otear el final de un texto, esperar la llamada de las musas o sentarse delante de una máquina de escribir o un ordenador y pensar que las palabras llegarán, sin ningún esfuerzo consciente. No hay musa que surja sin ser estimulada por el duro trabajo que comporta producir una historia que excite o intrigue al lector, que abandona momentáneamente el libro con un suspiro de placer. Y el proceso suele empezar por los personajes, para los que el nombre –o la falta de él, que tampoco debe ser arbitraria– es la primera constatación de su existencia.

# II

# Voces y diálogo

Cuando hayas establecido los nombres de tus personajes y elaborado una línea argumental en la que puedan moverse y desarrollarse, puedes dedicarte a trabajar el diálogo, si así lo requiere tu relato.

## ¿Cómo hablan?

Es sabido que el diálogo es una conversación entre dos o más personas. En la vida real está constituido por frases entrecortadas e incluye el discurso cotidiano y trivial. Pero en la ficción no hay lugar para frases que no sean significativas: aun la conversación más intrascendente debe mostrar algo acerca de los personajes implicados. Un personaje que hable usando los tópicos que nunca utilizarías en una narración, por ejemplo, tiene su valor porque su forma de hablar permite caracterizarlo.

Todo tiene su justa medida en los diálogos narrativos: el número de palabras que exprese en cada parlamento, el tipo de palabras, las expresiones más o menos contundentes, etcétera. Asimismo, buena parte de una novela puede estar desarrollada en forma de diálogo (como lo hace Manuel Puig en *El beso de la mujer araña*, por ejemplo), o sólo fragmentos alternativos de la misma pueden presentarse en esta forma, y sin embargo aportar una buena proporción de sentido a la totalidad (como *Del amor y otros demonios*, de Gabriel García Márquez, entre otras).

Todas las palabras que pones en boca de tus personajes han de estar pensadas cuidadosamente.

Un objetivo ineludible, cuando decides «hacer hablar» a cualquiera de tus personajes, ocupen el lugar que ocupen en el mundo inventado, sean importantes o no, es conseguir que se expresen de acuerdo con su personalidad. Parece fácil, pero en general no lo es.

**Los propósitos del diálogo en la ficción**

Como aspecto inherente a la presentación o a la relación entre los personajes, son diversas las funciones que cumple el diálogo en una narración literaria y puedes utilizarlo aprovechando una o varias de estas posibilidades:

- Define un personaje.
- Impulsa el relato.
- Muestra algo acerca del pasado de un personaje, de sus actuales acciones y de sus futuras esperanzas.
- Explica de una forma clara y fácilmente asimilable lo que el autor quiere que el lector sepa.
- Da vida a los personajes de forma mucho más efectiva que cualquier otra.
- Libera al ojo de una narración demasiado llana, cambiando el aspecto de la página y acercando al lec-

tor a lo que de otro modo no sería más que un ensayo. También le permite al lector husmear en esas conversaciones que nos gustaría escuchar en la vida real sin que podamos hacerlo.

## La voz única

Debido a lo que puede aportar el diálogo a cada personaje, tras decidir su nombre puede ser conveniente darle una voz. Cada uno de nosotros tiene una voz única como únicas son nuestras huellas dactilares, y lo mismo debe suceder con tus personajes. La voz puede ser dulce o estridente, lenta o rápida; regional, extranjera, titubeante (por ejemplo, por culpa de la bebida o de una enfermedad), ondulante, melódica... De nuevo, las posibilidades son infinitas.

> Sea como sea la que elijas, aférrate a ella e identifica a tu personaje con la voz que le has dado.

Cada vez que lo hagas hablar en un diálogo, imagina esa voz, escúchala mentalmente, diciendo esas palabras. Cuando te acostumbres a hacerlo así, la inflexión será la correcta, las palabras que elijas serán las correctas, el humor y la forma de hablar serán los correctos. Es más, ya no te olvidarás a mitad del relato de cuál era la impresión que querías causar en el lector, ni cambiarás la personalidad del personaje sin darte cuenta, porque este método te permitirá saber en cada momento cómo hablaría él o ella.

## Acentos y tonos

En ciertos casos es útil que tu heroína regional tenga el acento que la identifique como habitante de México, Cataluña, Galicia... El modo de hablar puede ser indicativo de su origen y permitir el desarrollo de nuevas escenas. Porque el simple hecho de situar a una chica de Madrid, por ejemplo, en una perdida aldea de pescadores, puede originar una serie de conflictos que no habías previsto y estimular tu imaginación de escritor. A menudo, la gente del lugar no trata del mismo modo a los que vienen de fuera, sobre todo en las regiones remotas o en las islas. Cuando el protagonista descubre que la chica a la que se ha acercado habla de modo distinto a lo que esperaba, aparecen escenas totalmente nuevas que tal vez conduzcan el relato en una dirección distinta de la que habías pensado.

Por otra parte, la impresión que provoca la voz del personaje no debe subestimarse. El tono –feliz o apenado, entre otros– con que habla por teléfono con distinta gente o en una determinada situación puede determinar la opinión del lector.

El mismo personaje varía el tono de voz ante diferentes situaciones planteadas. En cada caso las palabras serán diferentes. La voz podrá ser apresurada, llena de compasión, asustada o avergonzada..., pero será la misma voz interviniendo en distintas situaciones, con personas distintas.

Por ejemplo, imagina durante unos instantes a una protagonista cuyas características básicas son: nombre, Luisa; edad, treinta y cuatro años; actitud principal, temerosa, en diferentes situaciones y a la que le otorgamos un posible parlamento para cada caso.

Las tres situaciones son: con un niño al que criar; con un ladrón a quien enfrentarse y con un amante al que recibir después de mucho tiempo.

En los diferentes parlamentos, variará el tono y el contenido, pero no variará la voz. Siempre reaccionará como una mujer común de treinta y cuatro años temerosa, aunque exprese sentimientos adecuados al momento. Esto es una cuestión importante a tener en cuenta.

Aunque el modo en que tu personaje utilice la voz que le has dado será distinto según la persona con quien esté hablando; si el personaje está bien caracterizado, la voz será la misma.

A fin de cuentas, no hablamos del mismo modo con el cura que con la cajera del supermercado, con un amigo que con el irritante niño del vecino.

## Lo que no hay que hacer

Evidentemente, lo que tu personaje dice y cómo lo dice puede darle o quitarle credibilidad de cara al lector. Es peligrosamente fácil escribir un mal diálogo en el que los personajes no estén diciendo realmente nada de interés. En un relato corto, en el que cada palabra es importante, no hay lugar para diálogos inútiles. Y en una novela tus personajes perderán credibilidad si se dedican a parlotear una y otra vez sin un objetivo preciso por tu parte, como autor.

Los siguientes ejemplos muestran la diferencia entre un buen y un mal diálogo:

**1.**

–*¿Por qué no vamos al cine?* –*dijo Ruth.*
   –*¿Hay algo interesante?* –*respondió Ángela.*
   –*No lo sé, Ángela. ¿Quieres que lo mire?*
   –*¿Dónde está el periódico? Creo que hoy no lo he visto*
–*dijo Ángela.*
   –*Está en la mesa de la cocina, Ángela, creo* –*dijo Ruth.*
   –*Voy a por él, ¿te parece, Ruth?*
   –*Sí, por favor, Ángela.*

**2.**

–*Entonces, ¿por qué no vamos al cine esta noche?* –*dijo*
*Ruth con impaciencia.*
   –*Bueno, si quieres. ¿Hay algo que valga la pena? Ni*
*siquiera he echado un vistazo al periódico local* –*respondió*
*Ángela indiferente.*
   –*Voy a ver, y luego decidimos si vale la pena movernos*
*de la chimenea* –*dijo Ruth bostezando.*

Esto es tan sólo una pequeña escena en un relato, pero
veamos:

• En la primera escena (que es manifiestamente mala)
el diálogo es torpe y forzado. Es del todo innecesario
mencionar el nombre de los personajes en cada frase.
Se trivializa el detalle que el lector necesita conocer.
No hay fluidez en las palabras.
• La segunda escena es aparentemente más breve,
pero tiene el mismo número de palabras y transmite la
información de forma más uniforme: nos encontramos ante dos chicas, algo aburridas y demasiado pere-
zosas para moverse de la chimenea (lo cual sugiere un

atardecer de invierno), intentando decidir qué hacer. No hace falta definir quién habla en cada caso. El cuidadoso uso de palabras como «impaciencia» o «indiferente», y la descripción de Ruth bostezando, son suficientes para establecer el tono de la escena.

A continuación nos encontramos con una escena de guerra. Aunque la escritura es fluida, en la primera escena se diluye el efecto dramático por culpa del diálogo:

**1.**

*Parecía como si hubieran estado volando en su avión supersónico durante horas. Por fin la batalla había terminado. El alivio se asomaba en sus rostros, y Tom habló animadamente a su artillero.*

*—Qué contento estaré cuando lleguemos a casa después de esta misión, Richard, seguro que el domingo me preparan una comilona en casa; olvídate de buscar aviones enemigos durante un tiempo.*

*—¡Tú y tu comida del domingo! Es un milagro que quepas en la cabina, con todo lo que engulles. Tu mujer se merece una medalla por alimentarte como lo hace.*

*—Mira, ahí viene uno de esos puñeteros, directamente desde el sol como de costumbre, los astutos diablos. ¡A por él, Richard!*

**2.**

*Parecía como si hubieran estado volando en su avión supersónico durante horas, pero por fin la batalla había terminado. El alivio asomaba en sus rostros, pero Tom todavía hablaba cautelosamente a su artillero.*

*—¡Ya casi hemos llegado, amigo! ¿Qué me dices de una cerveza en el bar cuando lleguemos a casa...?*

*De pronto, lanzó una maldición al tiempo que un destello plateado les llegaba desde el sol. El avión enemigo se encontraba todavía tras ellos.*

*—¡Será mejor que reserves lo de la cerveza para cuando hayamos terminado esta misión! —gritó el artillero—. ¡A toda marcha, jefe!*

La diferencia entre estas dos escenas proviene del ritmo predominante en cada una de ellas:

- En la primera, el diálogo suspende el sentido de la acción y la tensión. Discutir temas mundanos durante tanto tiempo resulta tedioso, y la referencia al enemigo como «astutos diablos» es propia de un diálogo débil.
- En la segunda, la acción se desarrolla a un ritmo más acelerado. El lector percibe la tensión, aliviada brevemente ante la idea de una cerveza en el bar, pero reinstaurada por la exclamación del piloto y la necesidad de salir rápidamente de allí, expresada por el artillero. Además, Tom habla con cautela, dando al lector la sensación de que lo peor no ha llegado todavía, mientras que en la primera hablaba animadamente, lo cual diluye el clima dramático.

Estas dos escenas guardan similitudes, pero la reacción del lector ante cada una no será igual, tanto por las palabras que utilizan los personajes como por el tono de su voz.

En la primera, Tom está tranquilo, y desconoce el peligro que todavía les acecha, al igual que Richard. Son como chiquillos jugando a la guerra.

En la segunda, Tom es un piloto responsable, tenso y harto de batallas, y sumerge al lector directamente en ese mundo. A Richard no le llama por su nombre, sino con el término «amigo». Esto aclara la relación entre ambos y define su situación, así como al emplear Richard el término «jefe».

> Reiterar algo cuando se sobreentiende o incluir explicaciones ajenas a la escena son causas de un diálogo débil y pobre.

## Recursos para reforzar el diálogo

Los personajes deben expresarse según sus propias características y las del momento de la historia que están viviendo. Pero existen algunos recursos válidos para ampliar el efecto. Entre ellos:

1. Los calificativos.
2. La frase explicativa.
3. Los matices expresivos.

### 1. Los calificativos

Los calificativos son tan importantes para definir a un personaje como los diálogos mismos. Algunos opinan que son innecesarios, y que la fuerza del diálogo debe bastar para decir lo que hace falta. Pero si bien el lector debe poder reconocer a un personaje protagonista a través de lo que dice y de cómo lo dice; si también está comprobado que para expresar miedo o tensión en un diálogo son apropiadas las frases breves y concisas, en numerosos casos, esa simple palabra extra –el calificativo– puede permitirte otorgar el significado exacto que estás buscando.

> En un relato es inútil rechazar todos los calificativos como lo es eliminar cualquier rastro de descrípción. Si lo recortas demasiado, al final no te quedará nada.

Veamos un ejemplo:

Una frase como la que sigue podría aparecer en cualquier relato:

–*Tú ya no me amas –dijo Laura.*

El efecto cambia según cuál sea la actitud de Laura, que se especificará mediante un adverbio o un calificativo, que establece el matiz anímico correspondiente:

–*Tú ya no me amas –dijo Laura lentamente.*
–*Tú ya no me amas –dijo Laura llorosa.*
–*Tú ya no me amas –dijo Laura llena de furia.*
–*Tú ya no me amas –dijo Laura apasionadamente.*

## 2. La frase explicativa

Puedes elaborar de otro modo la idea, ampliando el calificativo y reemplazándolo por una explicación acerca de un gesto, una sensación o una acción del personaje.

Ejemplo:

> *—Tú ya no me amas —Laura demostraba incredulidad.*
> *—Tú ya no me amas —Laura casi le escupió las palabras.*

En cada caso, se percibe a una Laura diferente, un humor diferente. También se puede suponer la reacción del segundo personaje, antes y después de que Laura hable.

## 3. Los matices expresivos

Aún podrías cambiar el efecto que produce esta única línea de diálogo empleando distintos matices expresivos en el tono, con distintos signos de puntuación, de las siguientes formas:

> *—Tú... ¿ya no me amas? —preguntó Laura.*
> *—¡Tú ya no me amas! —gritó Laura.*
> *—Tú ya no me amas —dijo Laura.*

Las tres formas se pueden combinar en un mismo diálogo.

Debes hacer tu elección de acuerdo con la historia narrada, pero no debes olvidar que poniendo el énfasis en ciertos calificativos, en ciertas explicaciones, o regulando el tono expresivo, puedes resaltar un aspecto de tu personaje.

## Escuchar las voces reales

Si tienes dificultades al desarrollar los diálogos, intenta expresar tú mismo en voz alta lo que quieres que digan tus personajes. Mientras escribes cada parlamento, transfórmate en una y otra voz sucesivamente para conseguir tus fines. Pon en las palabras todo el enfado, la pasión, el miedo y el dolor que deseas transmitir al lector, hazlo como si fueran tus personajes los que hablaran.

Tal vez te cueste al principio, te inhiba, pero es un buen truco para percibir cómo debe expresarse un personaje, qué palabras no podría decir en ningún caso, y cuáles le parecerían torpes al lector.

En este sentido, otro truco útil a la hora de «escuchar» a tus propios personajes es atribuir sus voces a gente real, como si fueran personas de carne y hueso. Alguno de ellos podría hablar como alguien a quien ves con frecuencia en la televisión, el presentador de las noticias, por ejemplo, o como alguien perteneciente a tu entorno. Como ejercicio, puedes quitar el sonido e inventar un parlamento siguiendo la gesticulación de un personaje de la televisión. En sentido inverso, puedes recurrir a la radio, que sólo te aporta el sonido de las diferentes voces y los estados de ánimo mediante las inflexiones de voz: deberías poder transmitir al lector esta sutil diferenciación.

Por una parte, se puede escuchar a la gente de la televisión y la radio, observar cómo actores y políticos consiguen el efecto deseado gracias a las inflexiones de su voz, y detectar cuáles de estas inflexiones, modismos, particularidades, son susceptibles de plasmarse sobre el papel. Por otra, todo el mundo tiene a alguien en su familia cuya voz y modo de hablar son peculiares y podrían ser apropiados para uno de los personajes: una tía que para todo recurre al pasado, un abuelo vivaz que insiste en fumar su pipa proclamando que eso nunca le ha perjudicado, una hermana adolescente que te aburre con sus interminables historias acerca de su último novio..., son prototipos que puedes exagerar, cambiándoles el nombre para no tener problemas con los parientes.

Un mecanismo aconsejable es mezclar rasgos de distintas personas reales en un mismo personaje: un poco de tía Rosa, algo de la prima Isabel, un toque de la mujer pesada con quien siempre te encuentras en el portal...

> Es imprescindible que otorgues a tus personajes un modo de hablar natural, con elementos tomados de las conversaciones que puedas escuchar en cualquier lugar, en el autobús, en la cola del cine, en una boda o en un accidente de carretera.

## La expresión adecuada

Para que las voces de los personajes adquieran la fuerza que el relato exige, debes tener en cuenta algunos aspectos.

En primer lugar, el auténtico escritor suele buscar parte de su material o determinados modos de expresión en sus propias situaciones emotivas. Para ello, si eres parte de dicha situación, te conviertes en dos personas al mismo tiempo. Una te da el ánimo que necesitas, la otra lo registra todo en pequeñas escenas, para recuperarlo más adelante, recordar cómo te sentiste y poder transferir toda esa emoción a tus personajes.

En segundo lugar, siempre debes preguntarte si el diálogo es verosímil y corresponde a la personalidad del personaje de turno.

Imagínate, por ejemplo, a un soldado norteamericano cortejando a una chica de un pueblo italiano durante la Segunda Guerra Mundial. No se acercaría a ella del mismo modo en que lo haría un compatriota, y la respuesta de la chica sería también diferente. Quizá él se mostraría algo tímido, y no se sentiría muy cómodo en un ambiente tan distinto al propio. Ella tal vez estaría nerviosa, o lo adularía y desearía que la vieran sus amigas, pero no sus padres. Así también será su forma de hablar en ambos casos:

*—Hola, preciosidad. Dime, ¿acaso no te vi con tu amiga en el baile del pueblo la otra noche?*

*Tina alzó la cabeza y se encontró al apuesto yanqui.*

*—Eso depende de si tú mirabas o no mirabas: suelo ir a bailar los sábados por la noche.*

*—¿De veras? ¿Me estás proponiendo una cita? Acepto. Entonces te veré allí el próximo sábado.*

*—Eres un poco atrevido, ¿no crees? Además, no suelo citarme con desconocidos.*

*—Bueno, eso tiene fácil arreglo. Mi nombre es Hank. Déjame adivinar el tuyo. ¿Es Cándida o Carol?*

*Ella soltó una carcajada nerviosa.*

*—Ahora te burlas de mí. Mi nombre es Tina, ni tonto ni el típico de una estrella de cine.*

*—En serio te digo que, desde donde te estoy mirando, para mí Tina podría salir en las películas, tú serías la protagonista, preciosidad.*

Esta escena de diálogo contiene los rasgos peculiares de

cada personaje de modo sucinto. No hace falta decir que Hank la está halagando, y que a ella le encanta. El lector siente simpatía por Tina, y algo de envidiosa admiración por Hank.

O tal vez no sea así. Tal vez piensas que Tina es una pobre boba, y que quizá Hank tenga un pie en la industria del cine. Lo importante es que estas pocas líneas despiertan la curiosidad. Gracias a las características del diálogo, el lector desea saber qué pasará.

Observa la ausencia general de «dijo él» y «dijo ella». No hace falta especificar cada línea de diálogo, especialmente cuando la conversación se establece entre dos personajes tan distintos, cuya identidad aparece como obvia ante el lector. Es conveniente usar estas indicaciones ocasionalmente, incluso para evitar el efecto de ping-pong en la página.

Al mismo tiempo, prestar atención a los siguientes aspectos:

• Los dialectos pueden ser difíciles de leer, y además ralentizan el ritmo del relato al obligar al lector a pensar en la variedad regional peculiar.

• Con una sola palabra se puede caracterizar un personaje. El uso de la palabra «preciosidad» –en el ejemplo precedente– retrata al soldado yanqui, igual que el lenguaje más terrenal caracteriza a Tina («tonto» y «típico de una estrella de cine»).

• Las distintas variantes de «dijo él» y «dijo ella» son muchas veces un quebradero de cabeza para el principiante. A menudo, basta con esas dos palabras; hay que evitar variantes del tipo «él consideró», aunque verbos activos como «gritó» o «sollozó» son útiles si se emplean con moderación.

· A cada clase social, su modo de expresarse: a un personaje mundano, una forma de hablar mundana; un ladrón atrapado por la policía no va a hablar en un castellano cervantino; un campesino andaluz diría algo así como: «¡Mujé, qu'azta la ziete no vengo pa' la cena!».

Ten en cuenta lo poderoso que es el diálogo en el relato y la conveniencia de prestar atención a los mínimos matices: sé sincero con tus personajes y deja que ellos sean sinceros consigo mismos. Para que resulten auténticos, tienes que eludir tus prejuicios y escribir desde ellos.

# III

# Protagonistas y secundarios

El llamado héroe de la ficción no tiene por qué ser sólo el mitificado personaje de los escritores románticos: esa criatura atractiva de maneras arrogantes que salvará a la pobre heroína en un novelesco atardecer. Pero sí es conveniente que tenga algún rasgo que lo destaque (positivo o negativo), que aparente ser más completo o más excepcional que el resto de los personajes o que una persona real.

No olvides que es el personaje central del libro o del relato, y tiene que dominar las páginas hasta el punto de que cualquier otro personaje esté supeditado a él.

## Describe a tu protagonista

Crear al personaje o los personajes principales –el o los protagonistas– a partir de una idea que se va perfilando en tu imaginación es un buen camino, si respetas un hilo que te permita construir dicho personaje de un modo coherente. Si tienes dificultades para iniciar el proceso creativo sólo con tu imaginación, si pronto te bloqueas, puedes recurrir a figuras de la televisión o del cine que reúnan algunas características apropiadas para el tipo de héroe que pretendes. Modélalo con los atributos de unos y otros, es decir, toma un rasgo de un actor, otro de otro (o de un político, un científico, etcétera).

Puedes recurrir a los siguientes artilugios:

• Exhibir frente a ti una foto suya mientras estás escribiendo, para recordar qué era lo que te atraía de cada una de estas figuras, y así transferir esa atracción a tu propio héroe de ficción.

• Confeccionar un inventario de las características de ciertos héroes de ficción de las novelas del pasado, como Julián Sorel, Emma Bovary, Auguste Dupin, Anna Karenina, Lolita, Fortunata, para motivarte. Pero usa las características escogidas sólo como punto de partida, no se trata de reescribir la novela correspondiente. El plagio es siempre un peligro si sigues el modo de escribir de otro escritor desde muy cerca, si recoges no sólo la estructuras, sino también la idea y... los hechos centrales de cada episodio. Aparte de ser poco ético, ¿a quién le puede interesar una copia de algo ya conocido? Sin embargo, hacerlo desde lejos, retomar sólo algún aspecto puede ser fructífero y válido.

Aprovecha lo que puedas de otras fuentes, pero sé original en tu escritura. Diferénciate en otros aspectos.

Otra vía para obtener ayuda son las fotografías o las pinturas; es sabido que algunos directores de revistas solían enviar fotos a sus colaboradores pidiéndoles que escribieran una historia a partir de ellas, con buenos resultados.

Así también, se puede buscar material en la propia autobiografía y hacerle vivir al personaje algunas experiencias que has vivido tú.

Ejemplo:

*Es como si el recuerdo hubiera estado esperándome aquí todos estos años, igual que las iniciales grabadas en el cemento y el paisaje estéril de la huerta en la que ya no queda en pie ni un testimonio del trabajo ni de los sueños de mi padre.*

ANTONIO MUÑOZ MOLINA, *El jinete polaco*

> Tanto si tomas el material de una figura conocida como si lo haces de un aspecto autobiográfico, debes dejar al personaje su propia libertad, independiente de las referencias a las que has recurrido.

## La ficha del personaje

Con pocas palabras se puede construir la imagen del personaje. Por lo tanto, es conveniente evitar las descripciones excesivas.

No hay necesidad de escribir todo en el papel, pues la descripción frena el avance de la acción. Sin embargo, te será útil conservar mientras escribes, una ficha minuciosa sobre cada personaje.

Aunque cuando desarrolles la historia, utilices sólo una pequeña parte de la ficha, la lista de datos incluidos en ella te permitirá grabar la figura del personaje en tu mente y de este modo lograrás que viva ante el lector. No hace falta que sepas todo acerca de los personajes desde el principio, pero partir de una buena base tiene un valor incalculable.

La siguiente podría ser la ficha para un personaje protagonista de una novela del tipo best-séller:

*Patricia Ramírez del Olmo.*

*Veintisiete años.*

*Desea triunfar como cantante de boleros y actriz.*

*Se encarga de la limpieza de un teatro de Madrid.*

*Proviene de un pueblo murciano.*

*Vive con algunos compañeros de teatro en un pequeño piso de alquiler cerca del Retiro.*

*Practica gimnasia cada día.*

*Pelo largo y oscuro, normalmente recogido, excepto cuando «desea parecer indomable», como ella misma dice.*

*Se cose sus propios vestidos y es muy hábil con la aguja gracias a la educación práctica que recibió al criarse con su tía, quien le enseñó los rudimentos de las tareas domésticas, así como a leer y escribir.*

*Tiene algunas frases hechas que utiliza según la ocasión.*

*Da la falsa impresión de tener mucha confianza en sí misma.*

*Su rápida forma de hablar irrita a veces a la gente. Cuando está nerviosa se convierte en una parlanchina. Esto también la ha metido a veces en problemas.*

*Tiene éxito inmediato con los hombres, pero al poco tiempo la abandonan sin advertírselo.*

*Sueña con hacer un crucero.*

*Se siente más exaltada en las noches de luna llena.*

*Recuerda constantemente a su madre, de la que no se solía hablar en casa de su tía.*

*Sufre ataques de pánico en los lugares cerrados.*

## Derivaciones de la ficha

Cada dato de la ficha puede originar un episodio en la novela, tal como indicamos a continuación:

· Conocer la fecha de su cumpleaños servirá para resolver un episodio con una celebración.

· Ciertos recuerdos pueden anticipar una escena.

· El miedo a algo puede determinar ciertas reacciones del personaje.

· El no sentir pánico en un lugar cerrado en determinado momento puede indicar un cambio en ella.

Como decíamos, es de gran ayuda tener a mano esta ficha mientras escribes; así, además, evitas que los ojos de la protagonista, marrones al empezar el relato, se vuelvan verdes a medio camino. También es muy útil tener una lista con los nombres de los personajes, que te permita saber cómo *no* debes llamar al próximo que incorpores.

> No sólo de los protagonistas conviene confeccionar fichas, sino que es útil hacerlas para los personajes secundarios. Cuantos más datos se reúnan, también en este caso, más ideas surgirán al desarrollarlos.

## El resto del reparto

Así como puedes pensar en escenas para cualquier tipo de ficción que escribas, y encaminar la escritura según el orden de las escenas, también puedes pensar en tus personajes en términos teatrales.

Considera a los personajes como principales, secundarios y figurantes. Basándote en esta clasificación, puedes mantener a cada uno en su lugar adecuado a la hora de componer una novela:

• Los principales son aquellos que tienen mayor importancia en el relato y en los que se concentra la acción.

• Los secundarios son complementarios del principal y deben limitarse estrictamente a su papel.

• Los figurantes tienen apariciones esporádicas para realzar un momento del relato.

Ocurre que los personajes no viven ni deberían vivir aislados. Es necesario que tengan familia, amigos, conocidos, socios en los negocios, enemigos, y toda una historia personal antes de que tu relato empiece. También tienen todo un futuro que vivir después de que tu relato termine, lo que significa que no debes abandonarlos sin algo que indique sus posibles actuaciones a partir del punto final.

Debido a la necesaria interacción de los personajes en el relato, a menudo para los escritores principiantes la constitución del conjunto se convierte en un auténtico rompecabezas: en especial, saber cuántos personajes secundarios hay que incluir y qué importancia hay que otorgarles.

Una regla infalible: cuanto más corta es la pieza de ficción, menos personajes hacen falta.

Es un error elaborar un relato corto con toda una hueste de personajes que tengan poco o nada que ver con la acción principal, sólo porque el autor cree que van a añadir un matiz interesante. Hay que tener claro que no va a ser así, sino que convertirán la lectura en pesada e irritante al difuminar el objetivo principal entre otros molestos.

Un relato corto que no incluya más de dos personajes, con una verdadera historia que contar, puede resultar mucho más eficaz que otro relato serpenteante con un reparto de decenas de personajes.

No se trata de limitarse a dos personajes; a menudo se puede mejorar mucho un relato añadiendo varios personajes, y es imposible generalizar al respecto. Este tipo de decisiones depende de la línea argumental que el autor pretende seguir. Sin embargo, el viejo proverbio que dice «los árboles no te dejan ver el bosque» suele ser aplicable a un relato con demasiados personajes.

En resumen, el número de personajes que utilices en tu novela depende de la novela misma. Por ejemplo, una novela romántica corta de ciento veinte páginas requiere muchos menos personajes que una saga familiar tres veces más larga, que retrata los conflictos entre distintos miembros de una familia que compiten por una herencia, y en la que la solución se puede desprender de las circunstancias y de los rasgos individuales de cada personaje.

Un *thriller* de espías puede implicar a tantos personajes como lo dicte la acción. Una novela sobre un viaje en el tiempo puede involucrar a toda una variedad de gente, robots, mutantes, o lo que tu imaginación decida.

Algunos autores presentan la lista de personajes y de las relaciones entre ellos en las primeras páginas, como si fuera el reparto de una película o una obra teatral. Si bien no es algo habitual, podrías usarlo como método previo a la escritura de una novela con muchos personajes para poder ver el reparto de un vistazo y decidir con más seguridad como «moverlos» de capítulo en capítulo.

## Los personajes secundarios

Los secundarios son los que rodean y apoyan a los personajes principales. Pueden estar presentes a lo largo de todo el relato, pero no siempre es así.

¿Cómo y quiénes son?

• Pueden ser más o menos importantes. Los más importantes tienen nombre, y participan de forma decisiva en el relato. Otros tal vez no tengan nombre, pero pueden ser igualmente esenciales a la hora de desarrollar ciertas partes del argumento. Y por fin, están los que provocan cierta reacción y la consecuente acción en el relato, pero cuya influencia es relativa.

• En muchos casos, suelen ser miembros de la familia, compañeros de trabajo, amigos, gente que el personaje principal conoce en sitios específicos, etcétera.

¿Qué roles de los secundarios destacan?

• A veces tienen un papel breve y útil. Pueden reforzar la acción del relato –o retrasarla–, desaparezcan o no a continuación.

• Juegan principalmente el papel de opositor. Pueden provocar una revelación voluntaria o involuntaria por parte del personaje principal. La oposición en sus múltiples variantes es una manera de permitir que el relato avance.

## A cada uno, su sitio

Una de las mayores dificultades es establecer la verdadera frontera entre personajes principales y secundarios.

De lo contrario, podría no quedar claro quién es quién y la historia resultaría confusa.

Este peligro puede aparecer cuando empiezas a sentir un interés especial por un secundario: quizá el interés vaya en aumento, y, sin ser demasiado consciente de ello, le estés dando un papel mayor en el relato.

Por ejemplo, puedes encontrarte con dos protagonistas luchando por el papel principal en el relato, cuando uno de ellos había sido al principio un secundario.

Es una manera de comprobar que tus personajes ya no están tan bien definidos como al principio. Tienes dos opciones: el personaje secundario se ha salido de su marco y debes volver a colocarle en él o el protagonista ha dejado de ser tal y debes reemplazarlo por el secundario.

Una situación similar sucede cuando el escritor dice que «los personajes cobran vida propia y es como si estuvieran actuando por su cuenta». De todos modos, este tipo de fenómeno tiene su parte positiva, debe suceder si quieres que tus personajes sean creíbles: significa que se han vuelto reales, aparentan vivir, respirar, imponerse en el relato y cambiar de lugar.

> Debes asegurarte de que tus personajes secundarios no se superpongan a los principales o permitir que los principales dejen de serlo.

### El confidente

Este personaje se sitúa entre los principales y los secundarios, aunque puede ser también un secundario, y tiene un lugar especial en la mayoría de los géneros de ficción. Es el personaje –humano o no– en quien uno de los protagonistas confía: asiste a los secretos del personaje principal.

Se encuentra en buen número de novelas. Incluso un personaje solitario tendrá su confidente, que podría ser su pistola, su perro, el espejo o el paisaje que se extiende frente a su ventana...

Su función es poner en evidencia los pensamientos más profundos del personaje principal, a quien le permite ver las diversas caras de un problema.

Cuando en la vida real nos encontramos hablando con nosotros mismos y respondiendo a los interrogantes que nos plantean nuestros conflictos, nos convertimos en nuestros propios personajes confidentes.

Entre los dúos tradicionales, en los que uno de los dos actúa como confidente, y que pueden convertirse en un tópico en cualquier novela actual, podemos citar:

· El confidente del detective: su ayudante.

· El de la niña pequeña: su compañera de juegos imaginaria.

· El de la estudiante: su compañera de piso.

· El del paciente del hospital: la enfermera comprensiva.

· El del personaje más joven en una novela histórica: un familiar de más edad o una criada, que a veces opina.

Evidentemente, el confidente no siempre puede responder a los requerimientos del manifestante, pero permite mostrar un aspecto más interno del principal, al que de este modo el lector puede conocer mejor. Porque a medida que el personaje principal habla a su confidente, utilizando a veces un diálogo emocional y diciendo cosas que no diría a nadie más, va revelando al lector datos sobre su carácter.

En un relato breve, de dos personajes, también puedes emplear un confidente.

Ejemplo:

Si el personaje principal es una chica que acaba de recibir una carta amenazadora, con detalles acerca de una relación pasada, y ella no se atreve a contárselo a su nueva pareja, que es el otro personaje principal, y no hay nadie más en quien confiar, hay varios modos de resolverlo:

- Tu personaje puede recordar mentalmente la relación pasada e imaginar lo que sucederá en el futuro por culpa de la amenaza. Esta idea no implica a un confidente físico y es perfectamente adecuada, pero si se prolonga demasiado, paralizará la acción.
- Puede tomar una fotografía suya con su antiguo amor, y hablarle.
- Puede encontrar sus antiguas cartas y leerlas, y puedes escribir fragmentos de sus cartas en tu relato como si fuera un diálogo, intercalando sus pensamientos.
- Puede recordar lugares a los que fueron, evocar aromas y sonidos, de nuevo con mini escenas de diálogo.
- Puede escuchar un disco especial, y recordar fragmentos de conversación.
- Puede ver algo en la televisión que la haga pensar en él y recordar ciertos diálogos.
- Puede hablar en voz alta a sus fotos, diarios, cartas, como si él estuviera realmente allí, revelando sus emociones en esa época, sus miedos, su desesperación, su pánico.

Todo esto dirá al lector algo de lo que está pasando *ahora*, de lo que pasó *entonces*, y de sus miedos acerca del futuro. Todas estas posibilidades utilizan a un confidente al que no vemos, pero muy real para el lector. Utilízalas con cautela, emocionalmente, y, con preferencia, no más de una a la vez.

## Los figurantes

Son personajes a los que en numerosas ocasiones hay que incluir, pero que pueden permanecer en la sombra, a diferencia de los protagonistas que están nítidamente definidos, y de los secundarios, esbozados menos claramente, pero con algunas características. Su función es la de ayudantes en ciertos episodios de la novela o el relato. Raramente tienen nombre. Lo cual no significa que todos los personajes que no reciban un nombre en un relato sean figurantes. De ellos no se conocen datos personales, toda la información que nos aporta el narrador contribuye a ampliar los movimientos de principales y secundarios.

Así, figurantes podrían ser: el camarero en el restaurante, la recepcionista en la oficina pública, el sobrecargo del barco, el agente en el despacho de la comisaría, y cualquier personaje subsidiario al que haga falta mencionar de pasada, pero que es relativamente poco importante en el decurso del relato.

Si tu relato lo requiere, esta gente tiene un papel que desempeñar. No puedes dejar que conduzcan el taxi a paso de tortuga, con una horda de insultos a su alrededor, sin que el conductor reaccione de alguna manera. Pero a menos que el protagonista le conozca por algún motivo, o que él mismo sea el protagonista, o cumpla el papel de un personaje secundario, él es sólo el conductor. El lector no necesita saber su nombre ni sus atributos. No necesita saber que tiene un dolor de muelas terrible, y que después de este viaje irá al dentista. El taxista puede ser un figurante genuino, porque el taxi no llegaría a su destino sin él.

Son extras, generalmente no tienen voz ni participan en los diálogos. Pero llenan los vacíos para que no tengamos caballos sin jinete, platos servidos sin camarero, o campos de batalla con capitanes, pero sin tropa alguna que le cubra.

Se suele necesitar a estos figurantes en algún momento. Una camarera puede ser requerida como testigo de un robo en un hotel, o de un asesinato; los miembros de la tropa pueden confirmar que su capitán fue capturado por soldados enemigos (más figurantes), etcétera.

## El riesgo de lo accesorio

Puede ser una tentación incluir personajes innecesarios, con la idea equivocada de que añaden interés al relato, así como lo es insertar en el relato ciertos detalles mínimos concernientes a cada participante.

Se corre el riesgo de añadir información que no es pertinente y aburrir al lector, de dar detalles sobre personajes superfluos y sus monótonos quehaceres.

Un ejemplo podría ser el siguiente:

Si tenemos como personaje principal de un relato a un ejecutivo de una compañía electrónica en la que se teme un sabotaje, no sería adecuado incluir en el mismo relato a un hombre que acaba de instalarse en la casa vacía vecina a la del personaje principal. Es la historia del ejecutivo, y el hombre de la casa vecina no participa en ella. Se le podría incluir si participara de alguna manera en dicha historia: si fuera un detective de incógnito, un hijo o padre perdido, etcétera. Pero es tan sólo un extra, no llega ni a figurante. Sería un estorbo para el desarrollo del argumento.

Sin embargo, puede suceder que el escritor de turno decida hablar de ese vecino y describirlo bajo un nombre impreciso del que da varias posibilidades para mostrar que no es un personaje importante: Ruiz, Ruz o Reis. Sigue adelante y le atribuye una nariz ganchuda, y añade detalles y más detalles en forma de inventario, ramificando el relato en un manojo de personajes innecesarios, como sigue:

*Caminaba tan curvado que la gente se preguntaba por qué no usaba bastón o por qué no se operaba la espalda, si hoy en día hay cirujanos que hacen maravillas. La mujer de la tienda de la esquina –que ahora abre los domingos, por cierto– se arregló los juanetes de los pies y al día siguiente prácticamente estaba corriendo. En cualquier caso, este hombre, Ruiz o Ruz o lo que sea, tenía a su cargo la sección de jardinería en un centro comercial, en Toledo, o tal vez en las afueras de Madrid, y tuvo un ataque cardíaco cuando su mujer le dejó, y en verdad que estuvo muy cerca de la muerte.*

*Al poco tiempo encontró otra novia, que escapó con su dinero. El hombre no se suicidó por poco. Por suerte, le encontró a tiempo la mujer de la limpieza, la señora Aurora, que casualmente había ganado quinientas libras en el bingo la semana anterior, con las que iría una semana a Venecia en verano, y estaba nerviosa porque nunca había ido más allá de cien kilómetros al sur de su pueblo...*

Las referencias a Ruiz, a la mujer de la tienda, a la seño-ra de la limpieza, son el tipo de trivialidades que desafor-tunadamente se encuentran demasiadas veces en los manuscritos de los principiantes. Trivialidades porque no aportan significación al relato, desvían el hilo princi-pal y no tienen el más mínimo interés para el lector. Si el hombre de la casa vecina a la del protagonista tiene un papel argumental, habremos de saber que se encuentra allí, pero no hace falta que conozcamos toda la historia de su vida, ni la de la mujer de la limpieza.

En consecuencia, diluyen lo que es realmente interesante, el drama que acontece en la empresa de electrónica, y cómo ello afecta al personaje principal.

> **Las referencias triviales hacen que el lector pierda de vista el verdadero propósito del relato.**

Si bien el anterior es un ejemplo exagerado de lo que puede ocurrir cuando se rellena porque sí, sin justifica-ción, con datos no pertinentes acerca de personajes que tampoco son pertinentes, es necesario tener claro que no se debe creer que este tipo de relleno aumenta el interés del lector, y que, en realidad, produce el efecto contrario y se convierte en un factor nocivo para la novela.

> **No es difícil inventar situaciones en las que se necesite a un figurante, pero también debe ser posible hacerle desa-parecer sin que afecte al argumento ni a los personajes principales, porque el papel de un figurante es precisa-mente pasar desapercibido.**

A pesar de todo, ten en cuenta que pese a su aparente insignificancia, el figurante cumple una función, porque ningún personaje de un relato puede ser totalmente insignificante.

# IV

## *Puntos de vista*

¿Cuál es el mejor lugar para situar al narrador de acuerdo con la historia que quiero contar?

Ésta es una pregunta que debes saber responder. Es imprescindible poder fundamentar el uso de un narrador y no de otro, poder enfocar al personaje desde su interioridad o desde fuera, desde lejos o desde cerca. ¿Primera o tercera persona?

¿Cómo cuentas tu historia, desde qué ángulo? Contarla desde un determinado punto de vista te facilita o complica la presentación del personaje.

### Primera persona

Las historias de «confesiones» se escriben en primera persona, con el personaje *Yo*. No pueden ser escritas de otra forma. Es fascinante convertirse en el personaje sobre el que estás escribiendo y pensar en él como en uno mismo, y escribir en primera persona implica que esta incursión en otro ser es imprescindible. De este modo, te metes en su piel, puedes llevar sus zapatos, ir cada día a su trabajo, encontrarte con sus amigos.

Ejemplo:

Al hablar de primera persona, se puede hablar del personaje individual o el colectivo.

1. El individual corresponde al *yo* y suele hablar de sí mismo si es protagonista:

*Hace apenas dos años yo no era el proyecto de un cuerpo blanco y algo grueso limitado por un hábito. En este lugar, por fortuna, no abundan los espejos. Y los pocos que hay están destinados a reflejar el rostro y la cabeza, lo imprescindible para lograr un afeitado correcto y una disposición humilde de los cabellos. Pero cuando, desnudo, me siento sobre el borde de la cama e inclino el cuerpo para desatarme los zapatos, la postura me obliga a contemplar un abdomen excesivo que al presionarlo se divide en rebanadas de grasa delatoras de una vida tranquila que nunca quise para mí.*

JUAN JOSÉ MILLÁS, *Letra muerta*

2. El colectivo corresponde al *nosotros* y te obliga a constatar quiénes y cuántos personajes compartirán este pronombre:

*Cuando se supo con certeza que Belmiro Ventura y Vega (el Chileno, como se le decía por aquí) volvía para quedarse, y que su regreso era ya inminente, don Julio, nuestro cronista local, proclamó de voz y por escrito que acaso aquel suceso viniera a ilustrar providencialmente su teoría de que una nueva edad histórica se alumbraba en el mundo.*

LUIS LANDERO, *Caballeros de fortuna*

Asumiendo el papel de un *Yo* determinado, puedes convertirte en esposa, en amante, en compañero de trabajo, en asesino, o adueñarte de cualquier otro papel que se adapte a tu personaje. A su vez, también el lector se identifica con «tu» historia, es decir, con la historia del narrador. Si el escritor se deja llevar por la pasión y el poder de la narración, el lector también se adentrará en ese mundo creativo que les pertenece a los dos hasta el final del relato.

Es decir, se produce una verdadera yuxtaposición de autor y lector en esos relatos: el escritor/narrador se convierte en el confesor, y el lector se convierte en su mejor amigo. Dicho de otro modo, el lector se convierte también en el confidente, y pasa a ejercer en la vida real uno de los papeles que podría corresponder a un personaje ficticio.

**Diferencias entre primera y tercera persona**

El narrador en tercera persona puede saberlo todo: lo que piensan, lo que anhelan, lo que hacen y lo que sueñan los personajes. En cuanto al narrador en primera persona, su saber es más limitado. Puede decir lo que le pasa a él o lo que ocurre en su entorno, lo que abarca su mirada o lo que recuerda. Puede leer reportajes en el periódico. Puede discutir con otra gente para enterarse de cosas. Puede ser móvil y cambiar de decorado, según el argumento. Puede decir lo que piensa, e incluso lo que sueña.

En cualquier caso, recuerda que es peligroso abusar de las escenas oníricas, y nunca empieces tu relato con un personaje que está soñando, porque el lector se sentirá engañado cuando se dé cuenta de que esto no es todavía la historia «real».

Por último, si incluyes demasiadas opiniones en la narración en primera persona, puedes abrumar al lector. En cambio, con la tercera persona, puedes distanciarte de tus personajes y dirigirlos como lo hace un director de escena. La narración en tercera persona es un modo menos personal de escribir. Debido al distanciamiento que exige, se pueden observar las escenas con una mayor frialdad, te sientes menos implicado en la narración, sobre todo en escenas más escabrosas, debido a que el que cuenta no dice *yo*.

La narración en primera persona te da una visión más estrecha, mientras que narrar en tercera persona te proporciona más libertad.

Ejemplo:

La siguiente es la misma historia contada en primera y en tercera persona. Observa las diferencias:

1. En primera persona:

*A veces me parece que me miran. Sara dice que cuando voy con ella los hombres que pasan a nuestro lado detienen en mis ojos los suyos. Ella dice que a veces tengo una expresión algo perdida y que tal vez por eso me miran más. Yo no le digo nada y sigo pensando en lo mío, que me otorgará esa expresión perdida.*

2. En tercera persona:

*Martina atrae las miradas de todos los que pasan a su lado. Su amiga Sara se lo ha dicho y ella lo sabe. Pero no sabe que la miran porque su expresión es conmovedora, como si no dirigiera los ojos a ningún punto en especial, sino a todos al mismo tiempo. Sara siente envidia ante esta situación, trata de averiguar por qué miran a Martina y no a ella. Y aunque piensa que los ojos de su amiga son bonitos, le dice que tiene una expresión algo perdida, para desanimarla. Pero Martina no sufre ni le presta demasiada atención pues, aunque nunca se lo dirá a Sara, hay un tema más grave que la preocupa.*

Diferencias:

En el primer caso, la narradora en primera persona duda, para saber debe recurrir a su amiga y, a la vez, su amiga no sabe tanto como el narrador en tercera persona. Dice lo que siente y piensa ella, pero no puede saber lo que piensa y siente Sara.

En el segundo, el narrador en tercera persona sabe además lo que siente y piensa cada una de ellas.

**Ventajas y desventajas de la narración en primera persona**

Entre las posibles ventajas para el desarrollo del personaje de la narración en primera persona citamos las siguientes:

· El autor puede «convertirse» en otra persona y «vivenciar» lo que el personaje vive y experimenta. Para ello es necesario estar libre de inhibiciones. Por ejemplo, si tu personaje es un delincuente y un vicioso, mentalmente tendrás que ponerte sus zapatos e imaginar cómo se sentiría asaltando a una anciana. Si es un espía, tienes que sentir la adrenalina fluyendo, el miedo, el peligro, la excitación y la emoción por los delitos que comete. Si es una apasionada y joven mujer viviendo una aventura amorosa, tienes que estar dispuesto a escribir escenas de las que puedes no tener experiencia; y no dejes de escribirlas por miedo a que el lector se moleste.

• Usando la primera persona, cualquier cosa que tu personaje ve, oye, huele, toca... sólo puede sentirlo a partir de su propia experiencia, y debe hacerlo así, ya que es su historia. Pero también este aspecto puede pasar a funcionar como un comodín que te permita colocar a tu personaje en el papel preciso dentro del argumento: sabiendo bien cuáles son sus límites, sabrás cómo puede actuar y ser.

Entre las desventajas:

• La actitud mimética del escritor con el personaje, además de ventajas, puede implicar riesgos para la construcción de la novela. En la literatura de tipo realista, por ejemplo, los problemas sociales se mostraban a través del personaje principal, que los tenía que vivir, enfrentar y eventualmente solucionar. Por esta razón, había una gran dosis de contenido emocional en estos relatos y el riesgo de mimetizarse era alto.

Al mismo tiempo, una de las mayores dificultades del escritor al usar la primera persona es olvidarse de su propia personalidad y adentrarse en la del personaje en el que –de hecho– se ha convertido.

Además, dado que cualquier cosa que tu personaje ve, oye, huele, toca... sólo puede sentirlo a partir de su propia experiencia, puedes ver limitada tu escritura.

· Por otra parte, una de las dificultades básicas del uso de la primera persona es el uso de los tiempos verbales. Los puristas dirán que un narrador no puede registrar el tiempo de la escena de un drama tal y como sucedió, por lo tanto, debe escribirla en tiempo presente.

Pero si el tiempo presente no se maneja con habilidad se corre el riesgo de que la historia resulte poco veraz. A menudo, si empiezas una historia en presente, tendrás que recurrir al *flashback* en algún momento, o al más convencional tiempo pasado.

· Uno de los mayores problemas del punto de vista de la primera persona es usar demasiado la palabra *Yo* o primera persona del verbo. Si se utiliza para iniciar cada párrafo, puede resultar muy molesto y los lectores pronto se aburrirán con ello. Debes intentar variar la forma de empezar los párrafos.

¿Pero qué hacer para que los lectores sepan cómo es el personaje *Yo* sin que éste se esté mirando a un espejo, el método más obvio y más usado, no por eso inaceptable? En algunos casos, es necesario incluir otro personaje que dialogue con el *Yo*, para que el lector pueda descubrir quién es él o ella, o determinados comentarios de otros personajes, o mediante un monólogo del *Yo mirando* fotografías de él mismo, lamentando sus defectos y alabando sus virtudes.

## La función del punto de vista único

En un relato, es fácil deslizarse –sin desearlo– desde el punto de vista del personaje principal al de cualquier otro, e introducir sus pensamientos, opiniones y aspiraciones. Si el que narra es un *Yo*, no puede saber qué piensan o sienten los otros personajes del relato.

Un relato corto, que no cubra más que un único incidente dramático entre dos personas, debería utilizar mayormente el punto de vista del protagonista. En este caso, debes tener muy claro en todo momento quién es el personaje central, y por lo tanto, quién tiene el control sobre las acciones en el relato.

Lo que la narración con un punto de vista único implica, por decirlo de forma sencilla, es saber acerca de quién trata el relato.

Ejemplo de narración con punto de vista único:

*Ana tomó la carta del buzón situado en la puerta principal.*

*–Es de David –exclamó. Reconoció la escritura del sobre instantáneamente, aunque habían pasado tres años desde la última vez que tuvieron noticias suyas.*

*–¡Pues ábrela, mujer! –dijo él.*

*Molesta, ella le miró. Él nunca tuvo demasiada paciencia ante la pena que su mujer sentía por el traslado de David a Sudamérica, a pesar de que era su único hijo.*

Pero, atención, al mantener enfocada la narración desde un punto de vista único, la acción no puede pasar de un personaje a otro.

Ejemplo de narración con punto de vista cambiante:

*Ana tomó la carta del buzón situado en la puerta principal.*
*—Es de David —exclamó.*
*Miguel sabía que ella había reconocido de inmediato la letra del sobre, aunque habían pasado tres años desde la última vez que tuvieron noticias suyas.*
*—¡Pues ábrela, mujer! —dijo él.*
*Molesta, ella le miró. Él nunca tuvo demasiada paciencia ante la pena que su mujer sentía por el traslado de David a Sudamérica, a pesar de que era su único hijo.*

La segunda escena da una visión más global, se conocen los sentimientos de ambos. El uso de una u otra forma depende de las necesidades de la historia, pero nunca debe ser arbitraria.

## La función del punto de vista múltiple

La narración con un punto de vista múltiple es el estilo más común de las novelas largas, como, por ejemplo, las sagas familiares. Para muchos escritores es la forma de escribir más satisfactoria. Escribir escenas y capítulos desde el punto de vista del personaje principal es aceptable, pero incluir los puntos de vista de otros personajes —el llamado punto de vista múltiple— suele facilitar la tarea de especificar las diferentes actitudes y vicisitudes del personaje principal y su relación con otras personas, y otorgar un mayor dinamismo a la narración, lo cual estaría fuera de lugar en un relato breve; incluso en una novela corta crearía confusión.

Por ejemplo, cuando la novela trata la historia de un miembro de una familia, puede ser narrada desde el punto de vista de cada miembro de la familia, lo que dará un mayor efecto a las escenas.

## Ventajas y desventajas del punto de vista múltiple

Las ventajas son numerosas. Entre ellas:

• En una novela larga puede dar idea de profundidad: los puntos de vista de los personajes pueden superponerse, lo que crea un efecto tridimensional, consigues más dimensiones que cuando narras a través de un solo punto de vista.

• Los personajes resultan más completos cuando los vemos desde distintos ángulos, tanto del suyo propio como del de otros. De este modo, vemos sus sentimientos más íntimos a través de sus ojos pero también de los de otros, lo que crea en el lector una mayor comprensión de los mismos.

Las desventajas:

• Puedes olvidar quién es quién y confundir la información que has otorgado a cada voz narradora.

• Debes mantener el control del equilibrio sobre tu línea argumental, para que no haya un personaje que concentre toda la atención o varios que se alternen con demasiada velocidad.

Una posibilidad es que, dentro de los capítulos, y si piensas en escenas, es que dejes un doble espacio a doble línea para guiarte tú mismo e indicar el cambio de punto de vista al lector. De este modo, quedará claro que cambias de escena.

> Es esencial que hagas saber al lector quién se hace cargo del relato.

## Escoger el personaje narrador

Al plantearte la escritura de una novela, debes decidir desde un principio quién va a ser tu personaje principal. En una novela de género, será obvio, más aún cuando es un best-séller en el que puedes recurrir al estereotipo (la heroína romántica en la novela rosa, el espía en la de espionaje, el detective en la policíaca, la familia entera en la saga...). No tendrás demasiados problemas para decidir desde qué ángulo vas a contar tu historia, tanto si utilizas la primera o la tercera persona, el punto de vista único o múltiple.

Pero ¿cómo puedes decidir el punto de vista del personaje en un relato breve, cuando ya has elegido un tema concreto que quieres tratar?

Veamos cuál es la situación en este caso.

El tema podría ser el de una mujer mayor que está pensando en reunirse con su hijo en Australia y hacerle una larga visita.

Para el escritor principiante, esto tal vez implique escribir desde el punto de vista de esta mujer. Pero hay varias alternativas. Entre los ejemplos desarrollados continuación, puedes escoger la mejor forma de tratar el tema.

Se presentan varios puntos de vista que implican otros tantos posibles desarrollos del relato:

1. El de la azafata:

    *–¿Se encuentra usted bien, señora?*

    *La azafata cesó de hacer las comprobaciones para el vuelo y se inclinó sobre la mujer mayor que apretaba el cinturón de seguridad. Sonrió para animar a la mujer.*

    *–¿Es su primer vuelo? –dijo compasiva.*

    *–Oh, no. Pero es la primera vez que voy a Australia –reconoció Teresa.*

    *–Se sentirá mejor cuando estemos en el aire y repartamos las bebidas, –dijo la azafata–. Todo el mundo se siente raro al principio. ¿Tiene familia allí?*

    *–A mi hijo. Voy a estar con él seis semanas. Si todo va bien, tal vez decida quedarme.*

    *La azafata se percató del placer que había en su voz. Ella había conocido mucha gente que había emigrado a Australia y que habían tenido que regresar, desilusionadas. Sin saber por qué, deseó que el hijo satisficiera las expectativas de la mujer.*

2. El de Teresa:

    *Teresa constató que se había abrochado el cinturón de seguridad por décima vez. Era estúpido sentir tanta aprensión por volar. La gente lo hacía cada día, y los aviones se estrellaban muy raramente. Ni siquiera iba a pensar en los chalecos salvavidas...*

    *Alzó la cabeza al oír una voz que se dirigía a ella, y vio un cuerpo alto de hombre acomodándose en el asiento contiguo.*

    *–Gracias a Dios que no estoy sentado al lado de uno de*

*esos con los auriculares pegados a las orejas —le dijo la voz bromeando, y Teresa se relajó.*

*—Yo podría decir lo mismo —dijo ella. Echó un vistazo al pelo gris bien cuidado, a los ojos sonrientes y al traje bien planchado de su desconocido compañero de viaje. No era tan vieja como para no recordar cómo sienta el flirtear un poco, y pensó que tal vez este largo viaje para ver a su hijo en Australia no iba a ser tan aburrido.*

**3.** El de Pablito:

*Pablito sabía que no hay que llorar, porque si no la abuela iba a preocuparse. La noche anterior, ella le había leído un cuento al acostarse y le había prometido escribirle tan pronto como llegara a casa del tío Raúl en Australia.*

*Había encontrado Australia en el mapa de la escuela. Parecía estar muy lejos, tanto como el espacio, y a partir de ahora nada sería lo mismo si no iba a ver a la abuela cada día después de la escuela. Se agarró fuerte a la mano de su madre, preguntándose si también ella lloraría.*

*Lo odiaba todo de ese día. Odiaba el ruido de los aviones despegando cada pocos minutos en el aeropuerto, recordándole por qué estaban allí. Odiaba el modo en que la gente corría presurosa, casi tirándole al suelo sin ni siquiera pedir perdón.*

*Sobre todo, odiaba el terrible pensamiento que crecía en su mente y en sus sueños: pensaba que nunca volvería a ver a la abuela. Esas cosas pasaban. En los libros, pasaban siempre.*

**4.** El de la hija:

*—Nos escribirás pronto, ¿verdad, mamá? —dijo Lucía de nuevo, mientras esperaban el anuncio de salida de su vuelo—. No estaremos tranquilos hasta saber que has llega-*

*do bien.* —Se mordió el labio mientras Teresa le apretaba la mano.

Sus papeles se habían invertido, pensó Lucía. Aquí estaba ella, la hija, esposa y madre capaz de mantener la casa, y sin embargo estaba temblando... En cambio, esta mujer ya mayor, con más del doble de su edad, se disponía alegremente a volar hacia el otro lado del mundo como si no tuviera ninguna importancia.

¿Por qué no parecía ni mínimamente asustada?, pensó Lucía con resentimiento ¿Por qué no hacía ver al menos que estaba triste al dejar a su auténtica familia, y algo menos alegre por visitar al hijo renegado del que no sabían nada desde hacía años?

**5.** El del hijo:

Raúl intentó percibir la amplitud de sus tierras imaginando cómo las vería imaginariamente su madre. No le era posible, porque aquello era distinto de las abigarradas calles de Madrid. Recordó por un momento esa atmósfera claustrofóbica.

Esperó que surgiera la nostalgia familiar, pero no fue así. Se acomodó en la galería, sabiendo que Luisa pronto vendría con los refrescos, antes de que empezara la barbacoa y llegaran los vecinos.

¿Cómo se tomaría su madre todo aquello?, se preguntó. Australia, esa remota región, la vida fácil y libre a la que se había acostumbrado...

Bueno, pronto lo sabría, pensó con un miedo inconsciente. La vieja llegaría mañana en el avión del atardecer, y luego sólo tendría que ver qué pasaba durante las seis semanas siguientes.

**6.** El del marido:

*Francisco miró con sentimientos contradictorios cómo su mujer subía la escalinata del avión. Él hacía lo correcto al dejarla ir. Así lo decía toda la familia, y la propia Teresa había insistido en que él no debía acompañarla.*

*—No podemos pagar los dos billetes —había dicho ella, siempre tan pragmática—. Además, tú y Raúl nunca os llevasteis bien, ¿no es verdad? No quiero pasarme las próximas seis semanas haciendo de árbitro entre los dos, y sola estaré perfectamente. Es mejor que te quedes en casa y te ocupes de la tienda.*

*Era una broma entre los dos. Habían vendido el colmado años atrás, pero todavía se referían a quedarse en casa como «ocuparse de la tienda». Era divertido, pero hasta ese momento Francisco había olvidado cuántas veces lo habrían dicho a lo largo de los años.*

*De repente sintió que se le encogía el estómago. Maldita sea, realmente iba a echarla de menos. Ese pensamiento le golpeó, sorprendiéndole. Había pensado que disfrutaría con la sensación de saber que disponía de seis semanas de libertad, para irse de copas con los amigos y jugar a las cartas cuando quisiera. Pero en realidad iba a echarla de menos.*

En estos seis ejemplos tienes seis relatos de forma embrionaria, cada uno contado desde un punto de vista, pero partiendo siempre de la misma situación básica en la que una mujer parte para reencontrarse con uno de sus hijos. Según cuál sea el narrador principal, a escoger entre los seis existentes, los relatos resultantes serían distintos. Es decir, la situación básica se conserva, pero prevalecerá uno u otro aspecto de la misma: las elucubraciones de la azafata y parte de su propia historia, la experiencia vivida por la mujer, las fantasías y culpas del hijo, la angustia del nieto, etcétera.

Por lo tanto, puedes incluir todas las variantes para configurar el relato y destacar una en especial para erigir a uno de los personajes en eje del mismo.

El punto de vista múltiple puede igualar las voces narradoras y dar a cada personaje la misma importancia o puede jerarquizar una voz que conduce el relato e impone su punto de vista.

# V

# Conflicto y motivación

Para avanzar satisfactoriamente a lo largo de las páginas de cualquier relato, es decir, para mantener al lector interesado en todo momento, pendiente de los sucesos que les toca vivir a los personajes, éstos tendrán que enfrentarse a problemas y conflictos. La mayoría de las novelas puede salir beneficiadas si incluye algún tipo de historia de amor, entre otras, que conduzca a un conflicto entre un hombre y una mujer, se resuelva o no al final.

Una fórmula eficaz es que presenten cambios en su estado de ánimo y diferencias de opinión entre ellos. Pueden modificar sus planes iniciales; verse enfrentados a llegadas repentinas o partidas inesperadas, preocupaciones diversas, sufrir crisis típicas como las del nacimiento, del matrimonio, del divorcio y de la muerte, y la amplia variación existente entre estos estados.

Es conveniente que protagonicen alguno de estos conflictos para que resulten más convincentes.

Si tus personajes no están metidos en algún tipo de conflicto, serán como de cartón-piedra, unidimensionales, carecerán del relieve necesario para ofrecer interés.

## Crear tensión

Las tensiones que experimentan los personajes, causadas por los conflictos que se les presentan, pueden provenir de diferentes fuentes. Las principales son:

- El mundo interno del personaje, su propia conciencia.
- El enfrentamiento con otros personajes.
- La sociedad: la política, la iglesia, etcétera.
- El entorno. Las fuerzas naturales.

Según su procedencia, el conflicto puede ser físico o verbal –todo lo cual producirá diferentes grados de tensión en la elaboración mental del personaje, y afectará al modo en que escribas las escenas correspondientes.

En la ficción, el conflicto verbal es evidentemente el modo más fácil y efectivo de mostrar la tensión entre los participantes del relato, especialmente cuando se trata de algún tipo de enfrentamiento. No hay nada como una discusión agresiva para dotar de vida a los personajes. Tales discusiones revelan su estado de ánimo en ese preciso instante; sus heridas, frustraciones, miedos y ansiedades salen a la superficie en momentos de estrés, cuando la tensión entre los personajes llega a su punto máximo. Así, por ejemplo, los comentarios crueles de un marido a su mujer –o viceversa– pueden ser el tema recurrente de un relato acerca de un matrimonio fracasado.

Ejemplo:

> –*...Me has hecho sufrir durante veinte años...*
> –*...No sé cómo me contengo...*
> –*¿De qué?*
> –*...de...*
> –*¡Papá!*
> –*¡Sí, mira a tu padre! ¡Bonito está!*
> –*Me encontrarías quizá a tu gusto si pusiera quinientos mil francos encima de la mesa, ¿eh?*
> –*¡Me das asco! Vete a dormir la mona a otra parte...*
> –*...Sí, quinientos mil francos... Y toda tu familia vendría a lamerme los pies...*
> –*Te prohíbo...*
> –*¡Papá! ¡Mamá!*
>
> GEORGES SIMENON, *El hombre de Londres*

Más aún que en la vida real, una vez dichas, las palabras en la ficción ya no pueden retirarse, porque están ahí, grabadas en blanco y negro para que todos las reciban, y el escritor puede manipular su posible efecto según lo desee.

Puedes permitirles que se retracten de sus palabras o dejar que su carga dañe una relación hasta destruirla, pero, en cualquier caso, debes tener en cuenta que las palabras están impresas en el papel, definitivas para el lector.

Nunca te reprimas al desarrollar una discusión importante en un relato. Escribe con la máxima potencia, empleando la mayor cantidad de palabras emotivas que tengas a tu alcance, más tarde podrás corregir.

## Aumentar y sostener la intensidad

La fuerza de una discusión ficticia se diluye con diálogos demasiado breves, que pueden ser producto de la inhibición del autor ante un planteamiento escabroso. Insistimos: no te inhibas en este momento del relato, deja aflorar tus asociaciones por duras que te parezcan. Cuando más tarde releas la escena podrás ajustar el tono, si lo consideras necesario. O tal vez te sorprenda comprobar que no es tan dramática como suponías, y que de hecho te gusta mucho tal y como está. Otra posibilidad es que, al releerla, sientas que las palabras han perdido algo de su inicial potencia al estar plasmadas sobre el papel.

Evidentemente, si estuvieras metido en el corazón y la mente de los personajes durante su discusión, la escribirías con su furia al rojo vivo, y tus palabras serían verdaderamente *sus* palabras. En este caso, no haría falta alterar la escena en absoluto al releerla, exceptuando alguna revisión menor o el acabado de la construcción de las frases.

Por lo tanto, para conseguir una buena y animada discusión reveladora del carácter, conviene (como ya lo indicamos en otra parte del proceso) meterse en la piel de los personajes implicados.

Así, como en cualquier discusión real, los protagonistas pueden hablar en forma entrecortada, soltando las minucias que no querían mostrar, pero que ahora salen a la luz. De esta forma, la tensión crece entre ellos, y obtienes una poderosa escena que los conduce hacia una nueva fase de su historia.

Pero debes recordar que dicha discusión debe ser relevante para el conjunto del relato y no estar incluida porque sí. Por ejemplo, el *thriller* de espías o el relato de ciencia-ficción utilizan el lenguaje técnico pertinente para no revelar a los otros personajes (y a menudo a los lectores) lo que está pasando, pero, al mismo tiempo, el uso adecuado de ese argot refuerza la atmósfera y la tensión entre los personajes.

La creación de la atmósfera es muy importante en cualquier relato y puede lograrse gracias al diálogo, más que mediante largos pasajes descriptivos.

En cuanto a la tensión, se puede intensificar también con un determinado tipo de diálogo.

Para intensificar la tensión: frases cortas y diálogo en *staccato,* que implique un aliento entrecortado, así como palabras emotivas y escogidas con sumo cuidado. El uso de frases breves y concisas en una escena de interrogatorio, por ejemplo en una novela bélica o policíaca, es válido y necesario para mantener la tensión requerida.

Existen otros recursos que permiten sostener el suspense, funcionan como una guía para el lector. Entre ellos, las cartas. Las cartas que un personaje manda a otro pueden comentar el pasado y hablar de sucesos futuros; es una forma de compartir la anticipación de lo que ha de suceder con el lector. Tal vez haya avisos de peligro en la carta. Tal vez haya esperanza, o desesperación, o tristeza. Por encima de todo, habrá información proporcionada por el remitente, y reacciones por parte del receptor, todo lo cual incentivará la curiosidad que impulsa al lector a seguir leyendo.

## Sugerir el conflicto

Los conflictos y discusiones entre los personajes deben surgir de la naturaleza misma de los personajes y de las situaciones en las que los haces participar. Para conseguir el conflicto, es conveniente reflexionar sobre quiénes son los componentes de la situación, los participantes principales del relato.

Dichos componentes deben presentar marcadas diferencias que habrás señalado previamente en su ficha. De nada sirve tener dos personajes de temperamento tan similar que nunca lleguen a discutir. Otra posibilidad es un tipo de vinculación entre ellos que de forma natural conduzca al choque. Por ejemplo, la rivalidad entre hermanos siempre es un buen punto de partida para el conflicto en un relato. ¿Qué sucede cuando un miembro se vuelve obsesivamente celoso del otro? ¿Cuando uno de ellos tiene aquello que el otro anhela? Otra situación que asegura el éxito del conflicto es la atribuida a las controversias entre padres e hijos, dado que en muchas familias ocurren y el lector se sentirá identificado fácilmente. Una novela que presenta de entrada el conflicto entre padre e hijo es *Los hermanos Karamazov*, de Dostoievski:

*Era a fines de agosto; una mañana clara y luminosa. La reunión de la familia Karamazov en casa del padre Zosima estaba señalada para las once y media. Había sido necesario apelar a este supremo recurso de reunir el consejo de familia bajo el patronato del venerable anciano, como único medio de zanjar las desavenencias entre Fedor Pavlovitch Karamazov y su primogénito Dimitri Fedorovitch. La situación entre padre e hijo había llegado a una tirantez extrema.*

Incluso, se puede provocar el suspense antes de que nada suceda: según cómo se plantee la situación, es posible anticipar los conflictos que vendrán. Es decir, a partir de determinadas características de la situación se puede acicatear al lector. Por ejemplo, ¿qué pasaría si una gemela, una chica decente y devota de un pequeño pueblo, buscara a su hermana desaparecida, y descubriera que es una prostituta en la capital? No hace falta mucha imaginación para ver adónde las conduciría semejante diferencia en la personalidad.

Decidas lo que decidas como autor acerca de tus personajes, apréndete esto de memoria: sin conflicto no hay relato.

## Motivación

La motivación debería ser una prioridad al crear tus personajes. Nunca debes dejar que se deslicen llanamente a lo largo de las páginas de tu relato sin darles motivos para hacer todo lo que hacen.

Para encontrar las motivaciones, una vez que los personajes presentan determinadas reacciones, nuevamente te resultará productivo recurrir a las preguntas: *¿Por qué* escribió tu enfermera esa carta tan cruel? *¿Por qué* estaba ese chico mirando desde la cima de un despeñadero un domingo por la tarde? *¿Por qué* entró el pistolero en la reunión en ese preciso instante? *¿Por qué* decidió el comandante de la nave espacial cambiar el rumbo sin motivo aparente? *¿Por qué* llegó el amigo del protagonista al teatro con tanto retraso? *¿Por qué* no explotó el coche bomba si todo estaba correctamente programado?

El autor debe plantearse esta curiosidad inicial por los personajes para producir el mismo efecto en el lector. Es más, deberá sentirla naturalmente y entonces sabría que ha preparado bien la situación, por lo tanto, desea conocer las causas que impulsaron a los sujetos o los objetos a reaccionar como lo han hecho. En suma, se trata de conseguir que el lector lea la novela con el mismo placer que se obtiene al «mirar» la vida de los demás, como si espiara en el interior de alguna casa a través de la ventana sin cortina.

El autor de ficción nunca debe perder la curiosidad infantil hacia la gente, sobre lo que les rodea, lo que les gusta y el porqué hacen lo que hacen.

También podrías recuperar esta mirada para los personajes. En este caso, podrían no ser individuos inofensivos en absoluto y, por ejemplo, tu protagonista de aspecto inocente, tal vez tenga motivos más siniestros cuando mira hacia el interior de la sala de estar de alguien. Podrías escribir el relato entero a partir de este único hecho, siempre que le otorgaras razones lógicas al personaje para actuar del modo en que lo hace.

Puedes aclarar todo, como en un relato de misterio o de detectives, en el que se resuelve todo en la escena final, cuando se denuncia al culpable. O puedes dar pistas a medida que se complican los hechos y el lector sacará sus propias conclusiones.

> Las razones por las que tus personajes actúan como lo hacen han de estar claras en tu mente, porque ninguna acción de los personajes debería quedar sin explicación.

Si un lector llega al final del relato y se queda con las ganas de saber los motivos de las acciones de un personaje, se sentirá frustrado.

## Evitar artefactos

Un autor de novela debe tener en cuenta que el lector puede exasperarse y abandonar el libro si se encuentra con que los personajes hacen cosas ajenas al contexto en el que actuaban hasta ese momento. Los lectores necesitan que una historia sea convincente y plausible para creérsela.

Así que, por ejemplo, si conviertes al protagonista en un genio de la informática, cuando ha sido un inútil a lo largo del libro, es algo que no va a funcionar –a menos que dicha transformación sea la clave de la novela, que tu personaje haya ocultado su genio por alguna razón concreta, que sea una carta que tenías guardada para descubrir al final y de este modo dar un fuerte giro a la historia. Si es así, esta revelación final debe ser absolutamente creíble.

Escribir un relato no es producir invenciones de la nada, sino elaborar un mundo coherente en el que no haya grietas que den como resultado un artefacto defectuoso.

En este sentido, una motivación bien pensada para el personaje lo llevará por buen camino, un camino coherente.

Para ello, pregúntate si es razonable que tu personaje esté presentado como lo está y especialmente controla los siguientes aspectos:

• ¿Se expresaría mediante el discurso que le atribuyes?

· ¿No le estarás convirtiendo en una caricatura poco creíble para el lector en lugar de hacer que se parezca lo más posible a un ser de carne y hueso?

· Tú (si fueras el personaje) ¿actuarías como él en las circunstancias que le tocan vivir?

Planteándote cuestiones como éstas y resolviéndolas de forma adecuada, podrás obtener un avance coherente del relato. Ten en cuenta muy especialmente que debes evitar los cambios bruscos en el argumento y los finales surgidos de la nada, que no son una consecuencia de la trama, una necesidad que exige el relato mismo.

> Manipular a tus personajes para que se comporten como deseas, no significa que los hagas participar en escenas en las que nunca participarían o hacerles pronunciar palabras que no dirían.

Si has sido capaz de llegar a conocer a cada personaje en profundidad antes de empezar a escribir, y has crecido mentalmente con ellos mientras escribías, rechazarás las falsas acciones o los falsos parlamentos como un hecho automático y natural.

Si no lo haces así, concéntrate de nuevo en la concepción y en la figura de tu personaje, tal vez no esté tan bien acabado en tu mente como debería.

Vale la pena mencionar otro tipo de invención que consiste en colocar a gente real, viva o muerta, en situaciones ficticias, distorsionando su personalidad, sus puntos de vista, su aspecto y el contexto al que pertenecen. En el mejor de los casos, estarás destruyendo tu reputación como autor, si empiezas dando a alguien atributos que los demás reconocerán como falsos; en el peor, te puedes ver envuelto en un litigio por difamación.

Los personajes deben ser tan reales que el lector pueda casi tocarlos; tan creíbles que, según cuál sea el personaje acerca del que está leyendo, quiera compartir su éxito o su fracaso, su final feliz o trágico.

## Guiar al lector en la trama

Es en el relato como mundo completo donde la motivación de los personajes desempeña un papel esencial.

El argumento no existirá si tus personajes no tienen una motivación vital para sus acciones, si no calculas que cada fase de su comportamiento debe llevarles más lejos. De este sistema complejo depende el desarrollo del argumento.

> Las acciones principales del personaje dependen de una motivación (justificación o causa). Esta serie de motivaciones debe ser tan coherente como para establecer naturalmente una cadena. La cadena así constituida entre las motivaciones es la base que sustenta el desarrollo del argumento.

A los personajes principales les corresponde la motivación más fuerte para pasar del punto A al punto Z (parámetros imaginarios de tu relato), aunque la asistencia que reciben de los personajes secundarios va a determinar también sus movimientos.

No es necesario que el personaje conozca claramente sus motivaciones, quien debe conocerlas eres tú como autor.

En *Un campeón desparejo,* de Adolfo Bioy Casares, por ejemplo, la motivación principal del protagonista es encontrar algún día por las calles de la ciudad a Valentina, un antiguo amor con el que sueña. Mientras tanto, actúa como defensor y es un héroe para distintas mujeres. En su papel de taxista, se relaciona con numerosos personajes secundarios que determinan algunas de sus acciones, de sus motivaciones. En la mayoría de los capítulos, defiende a la mujer que actúa como personaje secundario y que a veces asocia con Valentina.

El esquema respectivo es el siguiente:

| | |
|---|---|
| Capítulo 1: | El profesor Nemo y su ayudante Apes (presente). |
| Capítulo 2: | Las vecinas, doña Eladia y su marido (presente). |
| Capítulo 3: | Valentina, el Gordo Landeira y Ercilia (evocación). |
| Capítulo 4: | Una pareja (presente). |
| Capítulo 5: | El hombre de la pareja (presente). |
| Capítulo 6: | Venancio y Lino Carrizales y otros taxistas. |
| Capítulo 7: | Valentina (evocación). |
| Capítulo 8: | La señora mayor y el colectivero (presente). |
| Capítulo 9: | Doña Eladia y su marido. |
| Capítulo 10: | Doña Eladia y otras vecinas. |
| Capítulo 11: | El Gordo Landeira (presente). |
| Capítulo 12: | Ercilia (presente). |
| Capítulo 13: | Los taxistas (presente). |
| Capítulo 14: | Doña Eladia y su marido (presente). |
| Capítulo 15: | Don Pedro, padre de Valentina (presente). |
| Capítulo 16: | Don Pedro y Valentina (sus pensamientos). |

Capítulo 17:    Un hombre (presente).

Capítulo 18:    Leiva (uno de los taxistas).

Capítulo 19:    Don Pedro (presente).

Capítulo 20:    Don Pedro (sus pensamientos nocturnos).

Capítulo 21:    Don Pedro (sus pensamientos diurnos).

Capítulo 22:    Don Pedro (presente).

Capítulo 23:    Leiva (presente).

Capítulo 24:    Doña Eladia (presente).

Capítulo 25:    Leiva.

Capítulo 26:    Valentina y don Pedro (presente).

# VI

## Desarrollo del personaje

Supongamos que has encontrado una idea ingeniosa para ambientar las páginas de tu novela protagonizada, por ejemplo, por una atractiva espía. O tal vez estás pensando en un relato cuyo personaje principal sea un hombre de negocios muy seguro de sí mismo, o has confeccionado la ficha de un joven testarudo del que ya tienes suficientes datos como para decidir el papel que tendrá en el conjunto.

Lo que no puedes hacer a continuación es permitir que sus estereotipos respectivos, o su condición de seres únicos porque tú los has imaginado, tomen las riendas de la historia y escribir exclusivamente en función de sus características, porque si lo haces corres el riesgo de obtener como resultado una historia lineal.

> Un relato se compone de muchos elementos y para determinar la resolución del conflicto no debes pensar exclusivamente en el personaje principal y las acciones que realice.

### El control de los personajes

No son pocos los autores que dicen que sus personajes se vuelven tan reales que tienen vida propia. En cierto modo es así y el anhelo del principiante es experimentarlo él también. Pero por muy reales que los personajes sean para el escritor, éste debe tener siempre el control de los mismos, manipularlos literariamente, recurrir a todos los artificios y trucos necesarios, para que den lo mejor de sí...o lo peor, si son villanos.

Enfócalo de forma lógica. Imaginemos que los personajes realmente llegaran a tener vida propia. En este caso, muchos rechazarían ese final penoso que has diseñado para ellos, pondrían objeciones y tomarían sus propias decisiones antes de ser despeñados por un barranco, de ser asesinados o de mantener un romance con una mujer que no fuera en absoluto su tipo...

No hay dos personas que vean de igual forma a los personajes ficticios, cada uno de nosotros tiene una visión distinta de los mismos personajes de una novela. Sin embargo, el modo en que creamos nuestros personajes es propio y único. Y deben mantenerse firmemente en su lugar. Cuanto más ricos los creemos, más lecturas se podrán hacer de los mismos. Pero, sobre todo, no debemos permitir que se desvíen de la ruta que hemos planificado para ellos, lo cual es igual a decir que debemos tener claro hacia dónde los dirigimos y por qué.

Cuando son los personajes quienes imponen ciertos cambios en el relato es porque éstos se han desarrollado de un modo sumamente vívido en tu mente y porque has sabido plasmarlos sobre el papel.

## Mantener la consistencia

Por mucho que creas que conoces a tus personajes antes de empezar la escritura del relato –su aspecto, sus gustos y disgustos–, y aunque tengas delineado el argumento, la verdadera construcción de dichos personajes tiene lugar a medida que avanza tu escritura.

Pueden desarrollarse mentalmente (cambiar de actitud, de sentimientos, de ideas, etcétera) o físicamente (un niño crecerá hasta ser un adulto; un adulto se convertirá en viejo, etcétera).

Debes tener muy en cuenta y no perder de vista los posibles cambios experimentados por los personajes, según de qué momento del argumento se trate, presentan diferentes reacciones y caracterizaciones.

No cometas el error de describirlos en la página 350 como lo hiciste en la página 1.

Supongamos que empiezas tu relato con un personaje llamado Joaquín, liberado por la policía, después de ser acusado por tráfico de drogas, algo de lo que no se sabe realmente si es culpable o inocente. Si es culpable, su desarrollo debe ser diferente que si es inocente.

Podría iniciarse la novela con una situación fuerte: la lucha emprendida por Joaquín para recuperar la confianza en sí mismo, el respeto y el apoyo de su mujer, su familia, sus colegas y sus amigos.

A partir de allí, el personaje puede actuar de distintos modos, impelido por el entorno, por su propio razonamiento, etcétera (siempre vinculado a su motivación básica):

• Puede luchar para esclarecer su inocencia.

• Puede caer muy bajo, perder todo lo que le importaba, convertirse en un vagabundo, dormir en la calle.

• Puede cambiar de nombre y encontrar un trabajo muy distinto, como encargado de seguridad.

• Puede darse a la fuga y saberse perseguido.

Cualquiera de estas situaciones debe implicar una angustia considerable para Joaquín, debido a su lucha planteada en el inicio de la novela. De este modo, resulta un personaje consistente.

> Para que el personaje resulte consistente debe estar desarrollado respondiendo a la motivación que le hace actuar y pensar de determinada manera en su primera aparición.

**El cambio**

En cualquier clase de novela, una condición fundamental es que los cambios sufridos por el personaje den como resultado un carácter coherente. De la coherencia también depende la consistencia.

La novela romántica es un área en la que la inconsistencia ha mostrado a veces su peor cara: el héroe que de repente descubre en la última página que siempre ha amado a la heroína, sin ninguna indicación realista acerca de este sentimiento a lo largo del libro, está fuera de lugar y es inconsistente.

En consecuencia, es conveniente que diseñes un plan de trabajo para no descuidar la información. El plan puede contemplar los siguientes puntos, teniendo en cuenta que los personajes implicados en el relato deben evolucionar en estatura, en pensamiento, en edad y en sus circunstancias, y que el modo en que crezcan depende de los personajes mismos.

- ¿Cómo sobrellevarán las crisis a las que deban enfrentarse?
- ¿Cómo reaccionarán al afrontar situaciones límite como el dolor, un accidente en el que sus propios hijos o padres estuvieran involucrados?
- ¿Cómo afrontarán una situación inesperada, exitosa o nefasta?
- ¿Cómo afrontarán las situaciones naturales y generales como el nacimiento, el matrimonio, el divorcio, la muerte, la ruptura de relaciones?

Por ejemplo, en *Tiempo de silencio*, de Luis Martín-Santos, el héroe, Pedro, pasa de una vida firme y bien orientada como investigador a su destrucción, a causa de un conflicto inesperado en el que se ve envuelto y que provoca un giro en la línea narrativa inicial. Es otro personaje, la hija del Muecas, el causante del giro. Pedro baja al mundo de las chabolas, donde ella se desangra a causa de un aborto, y Pedro es requerido para salvarla. A partir de este episodio, abandona la investigación y provoca una serie de circunstancias destructivas (su encarcelamiento, la muerte de su novia, etcétera).

Sin embargo, el personaje ignora todo lo que esa circunstancia fortuita (el aborto de Florita) ha destruido y continúa analizando los hechos desde su perspectiva, suponiendo que se ha topado con una experiencia positiva:

*No pienses. Estás aquí bien. Todo da igual; aquí está tranquilo, tranquilo, tranquilizándote poco a poco. Es una aven-*

*tura. Tu experiencia se amplía. Ahora sabes más que antes. Sabrás mucho más de todo que antes, sabrás lo que han sentido otros, lo que es estar ahí abajo donde tú sabías que había otros y nunca te lo podías imaginar. Tú enriqueces tu experiencia. Llegas a conocer mejor lo que eres, de lo que eres capaz.*

Lo importante es diseñar un cambio o un crecimiento del personaje y desarrollar el relato de modo que el lector perciba que el personaje cambia en algún sentido (puede también no cambiar porque el relato así lo exige). El personaje puede saberlo o no.

La fuerza de tus personajes puede surgir en muchas situaciones, las circunstancias pueden ser aptas para la transformación, pero sólo tú puedes decidir cómo dejarles madurar ante las situaciones que les depare el destino y debes estar atento para no perder ninguna ocasión propicia en el entramado narrativo.

### Deshacerse de los prescindibles

Prescindibles son los personajes de los que se necesita disponer en una parte de un relato y prescindir en determinado momento, eliminarlos del argumento de forma lógica y eficiente.

Si no se eliminaran los personajes prescindibles, desarticularían la trama y le restarían intensidad al conjunto. A algunos escritores principiantes les resulta difícil deshacerse de muchos de ellos. Tal vez es fácil retenerlos en una saga familiar, en la que cada miembro de la familia debe interpretar su parte hasta el final y así se redondea el relato.

No se puede mantener todo el tiempo en escena a todos los personajes. La presencia constante de personajes secundarios puede alterar la actuación de los personajes centrales.

A lo largo del relato suele haber numerosas ocasiones en que el escritor no desea que ciertos personajes asomen la nariz y necesita deshacerse de ellos. Puede hacerlo por un largo período o para siempre.

Por ejemplo, si se trata de niños se los puede enviar a un internado o al extranjero, o a vivir en otra parte del país con unos parientes. Si son adultos, se pueden trasladar o cambiar de modo de vida, etcétera. En todo caso, pueden volver, pero también pueden haber cumplido su propósito en el relato y salir de él tranquila y llanamente.

A veces, necesitarás dejar morir a un personaje. Pero tal vez le hayas tomado aprecio, y no te guste desprenderte de él. En un caso así, puedes cometer un error: asomarte a su lecho de muerte con amor, y salvarlo, cuando tal vez necesitaría una escena mucho más fuerte para que la historia siguiera adelante. Por otra parte, la escena de muerte siempre es un buen modo de mostrar las reacciones de los otros personajes.

Trata de ser objetivo también al establecer la presencia de unos u otros personajes; debes ser implacable al expulsar a esos personajes que ya no son importantes en el relato. Lo fundamental es saber cuándo y cómo hacerlo: en qué momento y mediante qué tipo de escena. Si tienes dudas ante la eliminación o no de determinado personaje, pregúntate qué pasaría si permaneciese en el relato y qué pasaría si se queda. Compara las respuestas y evalúa la mejor resolución.

Con seguridad, la presencia o ausencia de determinado personaje secundario en la historia, hará que el argumento varíe, así como también podrán variar las relaciones establecidas entre él o los personajes principales y el conflicto.

## Expresar las emociones

Una revista titulaba los relatos que publicaba como «Historias tan reales que podrían sucederte a ti». Este título indica la buena caracterización de los personajes, cuyos conflictos pueden tocar la fibra sensible del lector. Tal vez éste conoce a una chica como la que protagoniza uno de los relatos presentados, o tal vez las circunstancias sean similares a las que le tocó vivir. El factor humano domina la ficción de forma sutil.

Sabemos perfectamente que un personaje especial, como James Bond por ejemplo, no podría ser igual al vecino de al lado, que las novelas son ficción, pero durante la lectura vivimos las visicitudes de los personajes, compartimos los altibajos a los que el autor los somete.

Así, los lectores de novela rosa fantasean con que el héroe salva el pellejo de la protagonista en el momento vital; los adictos a los *thrillers* «sienten» que están en la piel del intrépido héroe que desafía las artimañas del villano y escala cualquier altura en su empeño por llevarle ante la justicia. Si no sientes esta identificación lector-personaje mientras estás leyendo, es posible que te pierdas lo que el autor pretende, y probablemente no estés dotado, por temperamento, para escribir ficción. Al fin y al cabo, se supone que la ficción debe entretener y, en cierto modo, realizar los sueños del lector, y el escritor que haga bien su trabajo lo sabe.

Debes plantearte trabajar las emociones con fuerza, lo cual significa vivenciarlas, y así provocar un impacto emocional en el lector.

Difícilmente tu lector llegará al llanto ante una escena en que un niño aparece ahogado si tú no te sientes totalmente implicado en un suceso tan trágico y que debido a este sentimiento lo has elegido como tema.

Implícate con los sentimientos de tus personajes y también tus lectores lo harán.

# VII

# Escritura visual

Conseguir que el conjunto de palabras organizadas en frases resulte un mundo visible para el lector es uno de los mayores logros de un escritor. Cuando este fenómeno sucede estamos ante una escritura visual, mediante la cual los lectores «ven» a los personajes y el entorno en el que se mueven.

Para que esto suceda con tu novela, no tienes necesidad de recurrir a extensas explicaciones, se trata de utilizar las palabras más apropiadas dentro del contexto gramatical y sintáctico más apropiado, o las descripciones más emotivas: descarta las palabras inútiles y las explicaciones débiles como vía para plasmar en la página imágenes que resulten visuales.

¿Cómo debes proceder en la práctica?

Relee tu relato tantas veces como sea necesario hasta detectar si el uso de palabras cotidianas, habituales en el discurso diario, los errores tipográficos, ortográficos, de puntuación o sintácticos, obstaculizan la visión de las escenas. Si es así, dedícate a corregir este problema.

Corregir una novela o un relato completo no significa únicamente cortar, sin contemplaciones. Es un error abusar de las revisiones implacables, culpables de que un relato carezca de sustancia. A veces corregir significa expandir.

Al cortar o al expandir el objetivo último es la claridad en la expresión.

Cuando la revisión se refiere específicamente a los personajes se trata de controlar las formas lingüísticas empleadas para ponerlos en pie, para darles vida. Especialmente, debes preguntarse si cada palabra y cada frase empleada con este fin es la más aconsejable o podrías utilizar otra más eficaz.

Utiliza las palabras visualmente más significativas para describir a los personajes, las que definan y destaquen su personalidad.

## Ese «algo especial»

Las personas que poseen «carisma» o *sex appeal* destacan entre la multitud, es una cualidad indefinible y fugaz que se puede emplear en la ficción. Pero también ese algo especial puede no ser atractivo ni encantador y provenir de la excentricidad.

En ambos casos, lo que diferencia a los personajes y hace que algunos llamen la atención dentro del conjunto puede ser alguno de los siguientes aspectos:

· Su actitud.
Ejemplo: un cura que se inclina hacia los feligreses, repite tópicos y habla en tonos sepulcrales para otorgar fuerza a su sermón.
· Sus accesorios.
Ejemplo: un adolescente con el pelo engominado de una manera particular, unas botas con botones metálicos relucientes y unos auriculares permanentes.

· Sus reacciones equívocas.

Ejemplo: un aspirante a espía que siempre se delata por su tendencia a dejar caer artilugios de espionaje en momentos inoportunos.

· Un descuido o un despiste.

Ejemplo: un ladrón que siempre olvida sus herramientas en lugares peligrosos.

· Sus ocupaciones.

Ejemplo: la afición de una vieja mujer de encuadernar libros en un tranquilo vecindario.

Pero ¿y qué hay de los demás? ¿Qué hay de los que no tienen un trabajo o disposición especial que los convierta en atractivos y les empuje hacia la excentricidad? ¿Cómo les conviertes en personajes inolvidables, que permanezcan en la mente del lector?

Cada autor suele tener su propia idea acerca de un personaje de ficción ideal, un personaje que no pase desapercibido. Las posibilidades son infinitas. Así, puede hacerlo protagonista de un tenso relato sobre la mafia o de un cálido romance. En el primero es fácil imaginar a un personaje perdurable por su malignidad: un rufián vicioso y de sangre fría que se deshace sin miramientos de todo aquel que interfiera en su camino. En el segundo, no es tan fácil lograr que una mujer común, la parte femenina de la pareja enamorada, destaque y sea especial.

Evidentemente, hay casos que te proveerán de un mayor número de elementos que otros. Sin embargo, existen modos clásicos de convertir a un personaje corriente en alguien distinto, un ser de estatura y personalidad superior a los seres de su entorno. Uno de estos modos es la lucha interna del personaje, que se enfrenta y vence

sus propias contradicciones en una situación límite. Por
ejemplo, un joven se dirige a una entrevista de trabajo y
se cruza en su camino con un niño que necesita ir al hospital. ¿Querrá tomar realmente la responsabilidad?, y si
lo hace, ¿aceptará de buen grado perderse esa entrevista
tan importante? ¿Cuál será su decisión?

Otras situaciones que permiten el realce del personaje
se dan en las historias (típicas y tópicas) de indios y vaque-
ros. Por ejemplo, el niño indio se pone enfermo o sufre
una herida, y el hombre blanco capturado resulta ser el
único con los conocimientos y la habilidad para salvarle.
Le matarán si deja morir al niño, y ganará en prestigio si
le salva. La tensión, la motivación y la fuerza de voluntad
del personaje están implicadas en esta situación, aunque
el lector sepa cómo va a terminar la historia.

> Cuando un personaje no destaca por sus características
> personales, y decides que debe ser destacable en tu his-
> toria, puedes reflexionar sobre sus posibles reacciones en
> una situación determinada y elegir la más apropiada para
> conseguir tus fines.

### Personajes con colorido

El uso del color facilita y potencia la descripción de los
personajes. Sin embargo, hay que utilizarlo con cautela.
Por ejemplo, los tan manidos «ojos azules» se han convertido en un tópico que es mejor evitar.

Algunos novelistas describen a sus personajes con una
mínima mención al color de su ropa, dejando que la

imaginación del lector complete la idea, a pesar de que muchos lectores necesitan y aprecian las descripciones visuales.

Utilizar el color en forma adecuada hace que los personajes cobren vida. Las descripciones coloridas son una maravillosa ayuda para mostrar la personalidad de tus personajes si las utilizas como un sabio pintor.

De hecho, la impresión que se tiene de un personaje cambia según cuál sea el color de su atuendo. Por ejemplo, si se comprueba que un personaje femenino de una película en blanco y negro lleva en realidad un vestido escarlata, o que el traje del personaje masculino es azul brillante, en vez del convencional gris oscuro que se podía haber imaginado, cambiará por entero la impresión que se tenía de ellos. En el primer caso (el blanco y negro), el personaje mostraría su carácter apagado, melancólico; en el segundo (el escarlata y el azul brillante), extravertido y alegre.

La combinación de los colores con un tipo de accesorios hace que ambos elementos se refuercen mutuamente.

Ejemplo:

*Se puso un vestido blanco, un collar de jade y zapatos verdes. Esta combinación no era casual. Lo había pensado muchas horas antes de haber visto el peral en flor desde la ventana del salón.*

*Los pliegues de su vestido crujieron suavemente cuando entró en el vestíbulo y besó a la señora Knight que estaba quitándose un extravagante abrigo color naranja, adornado con una procesión de monos negros que orlaban todo el borde y que le subían después por las solapas.*

KATHERINE MANSFIELD, *Felicidad*

Como método práctico referido a los colores, debes conocer todos los matices y el significado real o simbólico en cada caso.

En este sentido, el rojo se considera normalmente un color caliente, el azul un color frío. El verde es relajante, el amarillo es la luz del sol: el «mírame-quiero-llamar-la-atención». El naranja es violento, el marrón pertenece a la tierra, seguro y controlado. Por lo tanto, alguien que vista siempre en tonos ocre y marrón, los colores de la tierra, será visto como una persona de naturaleza retirada. El blanco y el negro son limitados y determinantes: en una modelo profesional bella y resplandeciente, de ondulante pelo castaño, por ejemplo, tendrían un efecto dramático.

En suma, es aconsejable que utilices las tonalidades sutiles de la paleta del artista y las que observes con minuciosidad en distintos lugares y a diferentes horas del día para variar el modo en que nombras los colores: marrón tostado, ámbar, ultramarino, carmesí, oro..., y también la forma en que los aplicas.

Los colores se asocian con un tipo de indumentaria particular. La ropa brillante dice algo acerca de quien la lleva, al igual que los adornos dorados y los ricos terciopelos. La ropa interior de algodón barato, o de seda cara, todavía dice más. Debes tener en cuenta que el color y la prenda elegidos pueden dar lugar a más de una interpretación: un hombre con una oscura gabardina tal vez tenga simplemente frío, o tal vez se esconda detrás de su aspecto impersonal, por ejemplo, y dicha ambigüedad puede jugar a favor o en contra en tu relato.

Pero los personajes pueden conocerse no sólo debido

a los colores que eligen para identificarse, sino debido a su estilo de vida que puede estar representado. El tipo preferido de ciertos best-séllers, ciertas novelas románticas, son, por ejemplo, los jeques con sus ondulantes ropas blancas, que producen un fuerte efecto al contrastar con su piel oscura, como Lawrence de Arabia, un héroe audaz para muchos. En casos como éste, la descripción suele ser obvia con el objetivo de mostrarlo visualmente y en forma directa al lector.

Utiliza los colores existentes y las texturas que a ellos van asociadas según lo que desees contar.

## El lenguaje corporal

Las personas se expresan de modo significativo a través del cuerpo: tímidos ademanes, ampulosos gestos, movimientos, tics... El lenguaje corporal es sumamente útil para destacar rasgos de la personalidad de un personaje.

Nuevamente, es aconsejable que recurras a la observación. Fíjate en distintas parejas que encuentres en un restaurante e intenta captar su relación a través de su lenguaje corporal. Puedes adivinar o no la relación existente entre ellos, pero imaginarla de acuerdo con la actitud corporal y el tipo de ropa que llevan es una práctica que ofrece un material idóneo para un relato. Algunos ejemplos tomados de la realidad, cuyas reacciones descritas han sido observadas y anotadas paso a paso son los siguientes:

• Los jóvenes amantes: se inclinan hacia delante por encima de la mesa, olvidándose casi de la comida,

mirándose fijamente a los ojos. Están abiertos y desin-
hibidos en su afecto. Tal vez necesiten palabras, o tal
vez no. Tal vez vayan muy bien vestidos, o en tejanos y
camiseta, con la suficiente confianza para no necesitar
adornos externos y chillones.

• Una pareja mayor casada: se sientan apoyados en la
silla; mientras esperan la comida, ella podría tener las
manos ligeramente entrelazadas sobre la falda, en una
actitud de falso recato, y él los brazos cruzados, cada
tanto miran a su alrededor, la decoración, examina a
los demás, y lo que han elegido para comer les proporciona un tema de conversación.

• La pareja de negocios, de sexo opuesto, que se
reúne por primera vez: cada uno de ellos ha elegido
cuidadosamente su vestuario para causar buena
impresión al otro. Se examinan, con disimulo, con
sonrisas rápidas y educadas y diálogos controlados. Él
pide un buen vino que probará antes de permitir al
camarero que lo sirva. Ella bebe unos sorbos con confianza.

• La pareja de negocios del mismo sexo: se comporta
de un modo diferente a la anterior. Dos hombres que
ya se conocen se reirán ruidosamente, compartirán
bromas particulares, y cada uno intentará superar al
otro. Se inclinan también hacia delante, por encima de
la mesa, y establecen un intercambio de miradas con
aire de camaradería, como la pareja de enamorados. Si
no se conocen, el humor cambiará. Uno intenta inevi-
tablemente dominar al otro, mediante sonrisas since-
ras o intencionadas, mediante su familiaridad con el
menú, con el camarero, con la gente del restaurante.
El que está intentando ganarse la confianza del otro, se

muestra deferente con él, le pregunta la opinión acerca de la comida, del vino elegido, y le comunica cómo ansiaba ese encuentro. Sus manos están abiertas en un amplio ademán cuando dice tales cosas, dando a entender que no tiene nada que ocultar.

· Dos mujeres de negocios: estarán vestidas especialmente para impresionar y dominar a la otra. Se miran poco a los ojos, ya que cada una intenta averiguar qué efecto produce el encuentro en la otra. Sonríen mucho, pero son sonrisas cautelosas.

· Dos mujeres que buscan atraer: están ahí con el único propósito de exhibirse, como en el caso de ciertas estrellas del escenario o de la pantalla, toda su actitud es exagerada y ostentosa. Se quejan en voz alta al camarero, solicitan su atención y, al hacerlo, se convierten en el centro de las miradas.

· Madre e hija: pueden tener distintos papeles, según la situación. Si la hija es quien lleva a comer a la madre, ella tendrá el control. Sus acciones serán más rápidas, más confiadas. Será ella quien lea el menú, posiblemente en voz alta, y será ella quien pida la comida, deje a un lado la carta y sonría a su madre. En su interior, todavía es la pequeña niña que intenta impresionar, como diciendo «¿Verdad que soy lista, mamá?». Si es la madre quien tiene el control, la hija se sentirá avergonzada de estar en el restaurante. Tal vez esté deseando estar en otra parte. Tal vez juegue con su pelo, o con el mantel de la mesa, mientras mamá la mira impacientemente de vez en cuando al tiempo que pide la comida para las dos.

· Una pareja clandestina de amantes: se sientan lo más cerca posible el uno del otro. Cuando cruzan las piernas, el cuerpo se inclina hacia el otro reduciendo la distancia que les separa. Los hombros relajados, los dedos de uno de ellos juegan con la copa de cristal, aunque cuesta decir si está bebiendo o no.

Observar el lenguaje corporal es un buen ejercicio, porque todos lo utilizamos. Es el juego al que todos jugamos, sea o no de forma consciente.

Tomar nota de los movimientos corporales de la gente que frecuentas y aclarar a qué momento social o individual corresponde cada movimiento observado, es un truco muy útil para aplicar a los personajes que inventas.

## Los adornos materiales

Los adornos y accesorios materiales con los que completes a tus personajes dirán también mucho acerca de ellos. ¿Ella lleva gafas? ¿Le son imprescindibles para ver bien? ¿O son un accesorio a la moda, con una ancha montura coloreada? Al indicar que un personaje lleva gafas se está señalando parte de su personalidad. Si añades una mínima descripción puedes determinar la recepción que el lector tiene del mismo.

Además del color, el tipo de ropa que lleven dirá mucho acerca de ellos. Es característica la mujer que lleva un traje sastre impecable; la que usa un vestido estival con flores y sandalias con tacón aguja, o la que lo lleva con zapatillas; la preferencia por los pantalones antes que por las faldas.

¿Tu personaje femenino lleva siempre el mismo perfume reconocible, o cambia según el estado de ánimo? ¿O acaso odia cualquier tipo de aroma artificial?

Evidentemente, este tipo de especificaciones –ropa, accesorios, toda clase de elementos que le pertenecen– son un aporte importante para la construcción y presentación del personaje.

Ejemplo:

Puedes confeccionar una lista como la siguiente como recurso para «vestir» a tus personajes, y completarla según tus preferencias:

- Accesorios: Joyas (perlas, diamantes, latón, madera, oro, collares, pendientes, anillos...); zapatos (con o sin tacones, botas, sandalias, zapatillas, brillantes, de ante gastado, de tela...); bolso (pequeño, grande, llamativo, cartera...).
- Medio de transporte (coche que conducen –Rolls-Royce, utilitario– o no conducen, motocicleta, metro, avión, bicicleta, a pie –tal vez vaya andando a todas partes para hacer ejercicio...).
- Uniforme (ejército, policía, enfermero, conserje...).
- Elementos corporales (tatuaje, moño, pelo largo, muy corto, barba, bigote...).
- Animales domésticos (gato, perro, periquito, peces...).

Debes conocer todos los detalles posibles sobre tus personajes, incluyendo la comida y la bebida que prefieran, y utilizar una buena cantidad de ellos.

## Dar vida a los personajes

Evidentemente, crear personajes ficticios de la nada es una tarea compleja. Describir el aspecto personal de tus personajes, que les hayas vestido y aprovisionado con joyas, perfumes, hámsters, o caballos árabes de pura raza, no significa que ya lo sabes todo acerca de ellos.

Puedes otorgarles además distintas profesiones, estilos de vida y una vivienda apropiada. Los personajes ficticios tienen una vida más allá de los vívidos sucesos y de los incidentes que protagonizan en tu relato. Así como crisis dramáticas personales, es aconsejable que tengan un espacio que consideren propio en el cual los otros personajes podrán entrar o no. Se trata de un espacio que aparece o no en la novela, pero que tú como autor debes construir. De este sitio particular también se desprenden ciertas reacciones de tu personaje.

Ejemplo:

En el siguiente fragmento, tomado de *La república de los sueños*, de Nélida Piñón, solamente se especifican unos pocos detalles referidos a la habitación del personaje, pero son suficientes para insinuar aspectos que lo completan:

*El cuarto, despojado de adornos, quedaba al fondo del corredor oscuro. A la hora de acostarse, Madruga rumiaba sus pensamientos. Le conmovía saber que tenía el derecho a ocupar aquella cama, para dormir y soñar con el Brasil, ahora que había por fin pisado su suelo. Las ropas, colgadas en clavos sujetos a la pared, le servían de decorado. Aun el calor de la ciudad era un aliciente. Y hasta en la pesada atmósfera del cuarto veía una ventaja, porque lo obligaba a salir de la pensión a hora temprana.*

Ahora volvemos nuevamente al placer que sentimos al echar un vistazo a la sala de estar de los demás. El lector de un relato corto o de una novela quiere saber exactamente qué aspecto tienen esa cocina y esa sala de estar.

¿Tu recalcitrante ama de casa es una experta en barrerlo todo bajo la alfombra cuando recibe una visita inesperada? ¿La fragancia del ambientador oculta el olor del pastel quemado en la cocina? ¿Los libros están ordenados alfabéticamente en las estanterías como si fuera una librería? ¿O están en cualquier sitio, sin considerar su tamaño o importancia? ¿Qué nos dice cada ejemplo acerca del propietario de esos libros?

¿Y qué hay de esas sábanas de seda negra y del techo con espejos en el dormitorio...? ¿Y qué de ese pasadizo oscuro o esa puerta que exhibe dos candados? ¿Qué tipo de situación quiere insinuar cada uno de estos sitios?

Para diseñar los ambientes de la ficción, el cuaderno de notas es una herramienta esencial en el equipo de un escritor. Deberías registrar toda clase de sitios y apuntar tus observaciones en cuanto las hagas, porque si no lo haces en un primer momento probablemente desaparecerán para siempre o no serán tan completas como con la primera impresión.

Una impresión fugaz, un aroma pasajero, un color extraño, un sonido emocionante, un gesto expresivo, son algunas de las incontables facetas que configuran la condición humana y que puedes anotar en tu cuaderno para utilizar más adelante como formas de otorgar vida a los personajes ficticios que habitan en tu mente.

Que un personaje cobre vida ante ti, es el primer paso para que resulte vivo ante tus lectores.

# VIII

## *Resumen*

Todo escritor de ficción espera recibir como respuesta a su esfuerzo creativo la aprobación de los lectores, que alguno de ellos le afirme con vehemencia lo mucho que le ha gustado su relato.

Escuchar que el lector ha entendido a tus personajes, ha simpatizado y se ha sentido humillado, ha reído o llorado con ellos, incluso les ha detestado o se ha enamorado de alguno, que no le han resultado para nada indiferentes, sino que han quedado resonando en su vida como una persona especial, será gratificante para ti.

Más aún, si compruebas que les han llegado a conocer tanto que les llaman por su nombre y les ha quedado fijado su aspecto, sus fracasos y sus triunfos. En realidad, si esto ocurre es que habrás conseguido darles una vida tan vibrante y tan real que los lectores han podido compartir con ellos sus emociones como lo harían con una persona de carne y hueso. Y este logro proviene de que has trabajado a conciencia los diferentes aspectos de su creación.

**Conocerlos y comprenderlos**

Una vez tienes listos a tus personajes, y ves muy claros su apariencia, sus aspiraciones y motivaciones, el argumento será mucho más fácil de elaborar al quedar limitado al personaje mismo y sus características, aunque aun así implique un gran trabajo de concentración por tu parte. El objetivo principal y último que debes perseguir es conocerlos y comprenderlos para que ellos mismos te digan cómo pueden actuar y qué cosas les pueden pasar.

> Los personajes que vivan y respiren en tu mente te mostrarán claramente cómo quieren afrontar las situaciones que inventes para ellos.

Para ello, debes estar dispuesto a amar a todos los personajes que inventes, a los simpáticos y a los antipáticos. Con algunos de ellos será fácil, sobre todo con aquellos destinados a ser atractivos, como los magníficos protagonistas de un romance, el flamante capitán de navío, o incluso el secuestrador de aviones desamparado y sin rumbo, al que todo le sale mal, que tendrá un lado tierno que despierte compasión. No ofrece dificultad amar a la adorable mascota de un niño o a un hombre fuera de lo común cuyo heroísmo salva a comunidades enteras.

Pero ¿qué pasa con los demás? ¿Los antihéroes, las malvadas suegras, los villanos, los asesinos? Es ahí donde, como escritor, debes implicarte y mantenerte desapasionado a la vez. Te divides mentalmente en dos. Tu lado práctico verá el potencial de estos personajes, y les describirás con todo el vigor del que dispongas. Si han de ser malos, que sean tan malos como puedas, sin ninguna traba. Tu única intención es que tus lectores les odien tanto como se merecen, por ser los malhechores que son. En este sentido, tú también les odiarás.

Pero tu otro lado, el creativo, debe sentir un extraño

cariño hacia estas creaciones tuyas, viendo y comprendiendo sus debilidades de carácter, que tal vez sólo tú conozcas en tu corazón. Así como una madre ama a todos sus hijos, incluso si van por el mal camino, tú debes preocuparte por todos tus personajes. Si son lo bastante importantes para aparecer en tu relato con un verdadero propósito, entonces los peores malvados merecerán tanta atención y cuidado como los buenos. De hecho, pueden ser ellos los que conviertan en memorable tu relato.

## La revisión

Revisar el trabajo es una tarea que los autores realizan con sentimientos contradictorios. Unos corrigen infinidad de veces, otros prefieren no cambiar ni una coma cuando llegan al punto final. Ni un extremo ni el otro es aconsejable.

No siempre es fácil, pero deberías ser todo lo objetivo que puedas al valorar lo que has escrito. Recuerda la importancia de ser selectivo al revisar, sobre todo cuando se trata de cambiar algo acerca de los personajes.

¿Qué significa ser selectivo? Mejorar, pero no cambiar lo esencial. El riesgo es que al eliminar, reemplazar o agregar, sin darte cuenta alteres la impresión que quieres dar del personaje, de modo que deje de estar tan bien tallado como al principio. Y si cambia equivocadamente para ti, cambiará igualmente para tu lector.

Debes proceder con precaución cuando se trata de revisar cada palabra y cada frase.

La revisión se vuelve especialmente necesaria y muy valiosa para comprobar la consistencia de tus personajes. Hay cuestiones vitales que deberías preguntarte, y si no tienes claras las respuestas, ha llegado el momento de revisar más.

En el apartado siguiente, citamos algunas de estas cuestiones. Tal vez te parezca innecesario aplicar más de una a tu relato. Tal vez pienses que nunca cometerías errores tan simples como los que aparecen en estas preguntas.

Sin embargo, conviene organizar los distintos aspectos en listas detalladas, porque respetar los puntos que componen cada lista y seguirlos en forma progresiva te puede ayudar a mantenerlo todo organizado en la mente. En estas listas se pueden incluir los diferentes aspectos que permiten conseguir una buena novela o un buen relato breve.

## Inventario final para constatar resultados

Al acabar tu novela o tu relato, es aconsejable que te formules las siguientes preguntas como método básico de revisión. Constituyen un sumario de los temas tratados a lo largo de este libro, especialmente centrado en el personaje de ficción:

• ¿Tus personajes se corresponden con los nombres que les has dado?

• ¿Hay en tu relato demasiados nombres que suenen de forma parecida, de modo que confundan a tus lectores?

• ¿Has incluido un número excesivo de personajes? ¿O los participantes son todos necesarios y cumplen perfectamente su papel?

• ¿Has utilizado un lenguaje demasiado regional en los diálogos, en lugar de sugerirlo simplemente, por ejemplo?

• ¿El tono de voz y el vocabulario empleado por tus personajes han sufrido cambios radicales sin una motivación lógica?

• ¿Has recargado tu diálogo con demasiados calificativos, o demasiado pocos, o explicaciones inapropiadas?

• ¿El diálogo permite que avance la acción o la interrumpe?

• ¿Cumple el diálogo con su función de dar información a los otros personajes, y a los lectores?

• ¿Es trascendente o es algo trivial? ¿Sólo llena páginas y, en consecuencia, paraliza el relato?

• ¿Tienen tus personajes el mismo color de pelo y de ojos, y otros atributos y peculiaridades físicas, al final del relato que al principio, y se mantienen consistentes?

• ¿Es su comportamiento siempre el mismo, o han cambiado a lo largo del relato? ¿Si es así, crees que el lector puede aceptar este cambio?

• ¿Te sientes tan atraído por tu heroína/héroe como esperas que lo esté tu héroe/heroína?

• ¿Has cambiado el peso, la altura y la postura de tu personaje durante el relato?

• Si es así, y ha cambiado de edad en el transcurso de la novela, ¿crees que los datos empleados son correctos?

• ¿Han envejecido tus personajes de forma lógica durante ese tiempo?

• ¿Son las descripciones de tus personajes lo más visuales posible?

• ¿Te has ido por la tangente, dando a un personaje una motivación totalmente diferente de la original?

• ¿Has cambiado de héroe a mitad de camino, cuando el lector esperaba que la heroína terminara con el inicial, sin una justificación que avale el cambio?

• ¿Tu detective es demasiado listo para ser verdadero y lo resuelve todo mediante procesos que parecen mágicos e inexplicables?

• Los accesorios, coches y casas de tu personaje reflejan su estado financiero, personalidad y estilo de vida?

• ¿Tu heroína es tan real para ti como lo es tu mejor amiga?

• ¿Tu personaje protagonista es tan real para ti como lo es tu marido/pareja/amante/amigo?

• ¿Las escenas de amor son originales o responden a tópicos pasados de moda y contienen un mensaje ridículo?

• ¿Tus personajes parecen vivir en un vacío, sin pasado alguno?

• ¿Has insinuado una continuación lógica de su vida posterior a su existencia en el libro?

• ¿Te has preocupado realmente de lo que son y de lo que les ocurre a todos tus personajes, protagonistas o no como para transmitirlo con fuerza?

• ¿Has elegido los hechos relevantes y las acciones correspondientes con conocimiento de causa?

• ¿Son apropiados y consistentes los puntos de vista?

• ¿Hay suficiente tensión en el relato como para mantener el interés de tus lectores?

• ¿Crees que si los personajes de tu relato se pasearan por tu salón les conocerías de inmediato?

La anterior es una lista de comprobaciones con la que valorar la fuerza y consistencia de tus propios personajes ficticios, y efectuar tus revisiones finales, antes de enviar tu mejor trabajo al editor escogido.

## Dejarles partir

Si realmente has estado pendiente de tus personajes, y te has compenetrado con ellos durante el transcurso del relato, te costará dejarles partir.

Es más fácil dejar partir a los figurantes, que entran y salen del relato cumpliendo con su sombrío papel. Los secundarios y los confidentes estarán o no en las escenas finales y no te resultará tan problemática su partida. Pero los principales aparecerán. Y a veces te resultará difícil saber cómo terminar su historia, precisamente por el miedo a que se vayan, a tener que despedirte de ellos. Porque si les has definido bien, en medio del gozo de estar terminando tu novela sentirás tanta pena como al despedirte de tus amigos.

Al menos, debería ser así. Si eso no ocurre, tal vez no sean tan reales para ti como deberían serlo.

> Sentir pena al perder a tus personajes ficticios a los que has llegado a sentirte atado, y a los que has visto en sus buenos momentos y en los malos, es un síntoma de que los has elaborado bien.

Te habrás regocijado cuando se hayan enamorado, casado y tenido hijos. Habrás sentido orgullo ante sus éxitos, sea como actor en una obra de teatro en la escuela primaria, frente a un cambio interno, al encontrar lo que buscaba o al licenciarse con honores en la universidad.

Habrás otorgado a tu afanado detective los atributos para hacer de él un héroe ante sus colegas; habrás deseado que atrapen al malvado y que le castiguen; te habrás alegrado de que el luchador triunfe.

Hasta el final del relato esta gente ha sido totalmente tuya, y habrás hecho de ellos lo que hayas querido. Y al final os tenéis que separar.

En realidad, los personajes salidos de la imaginación de un autor no son más que palabras en el papel. Pero para ti, el autor, eran gente real. Y también para tus lectores.

Puedes decir que tus personajes han realizado todo su potencial en el relato y han hecho todo lo que les pediste. Por lo tanto, si has conseguido todo lo que te propusiste, deberías sentirte orgulloso al dejarles partir. Y sabes que no se han ido para siempre. Sólo tienes que pasar las páginas de tu relato o de la novela publicada, y estarán de vuelta contigo, formarán parte de tu vida otra vez.

Por otra parte, una vez has conocido la alegría de llevar a tus personajes a un final feliz, satisfactorio, esperanzador o que dé qué pensar, es muy probable que un nuevo reparto se prepare para salir de tu fértil imaginación. El placer de crear personajes de ficción se convierte en algo adictivo, pero, sin duda, es una de las adicciones más gratificantes.

# Índice

OTROS TÍTULOS EN ESTA COLECCIÓN

1· *Curso práctico de poesía*

Un método sencillo para todos los que escriben poesía, o aspiran a escribirla

2· *Cómo crear personajes de ficción*

Una guía práctica para desarrollar personajes convincentes que atraigan al lector

3· *El oficio de escritor*

Todos los pasos desde el papel en blanco a la mesa del editor

4· *Cómo escribir diálogos*

El arte de desarrollar el diálogo en la novela o el cuento

5· *Cómo narrar una historia*

De la imaginación a la escritura: todos los pasos para convertir una idea en una novela o un relato

6· *Cómo mejorar un texto literario*

Un manual práctico para dominar las técnicas básicas de la narración

7· *Escribir sobre uno mismo*

Todas las claves para dar forma literaria al material biográfico

8· *Escribir poesía*

Las respuestas a los interrogantes que todo poeta se formula

9· *Cómo se elabora un texto*

Todos los pasos para expresarse por escrito con claridad y corrección

10· *La escritura como búsqueda*

Una guía para transformar los conflictos internos en material literario